次なる金融危機

次なる金融危機

スティーヴ・キーン 著
赤木昭夫 訳

岩波書店

CAN WE AVOID ANOTHER FINANCIAL CRISIS?

by Steve Keen

First published 2017 by Polity Press Ltd, Cambridge.

This Japanese edition published 2018
by Iwanami Shoten, Publishers, Tokyo
by arrangement with Polity Press Ltd, Cambridge.

日本の読者の皆さんへ

日本の「失われた一〇年」が、「炭坑のカナリア」として、過大な民間負債の危険性を世界にたいし警告すべきだった。だが実際には、日本が教えることができた教訓は無視された。それから一五年後、アメリカとイギリス、そしてEUの国々(デンマーク、アイルランド、ポルトガル、スペイン)が、同じ罠にはまった。今やさらに多くの国々が同じ罠にはまりそうだ。もっとも重大なのは中国だ。私の「負債ゾンビの候補」のリストには、カナダ、韓国、オーストラリア、ベルギー、ノルウェー、そしてフランス、シンガポール、スウェーデンなどが並ぶ。

日本に関するデータは明快だ。「バブル経済」は貸付によって始まった。その正体は借りたマネー*による需要だ。対GDP比率で一九八六年の一二%から上昇し、一九九〇年には二七%を超えた(図i)。それらの新しいマネーは商品や資産を買うのに支出されたから、日本の経済も資産市場もブームで沸いた。

だが、そうした比率で借り入れると、民間負債のレベルを当然ながら劇的に増大させる。その結果、民間負債は、対GDP比率で、バブルの始まりの一七〇%から、破綻の始まりの二一〇%、そ

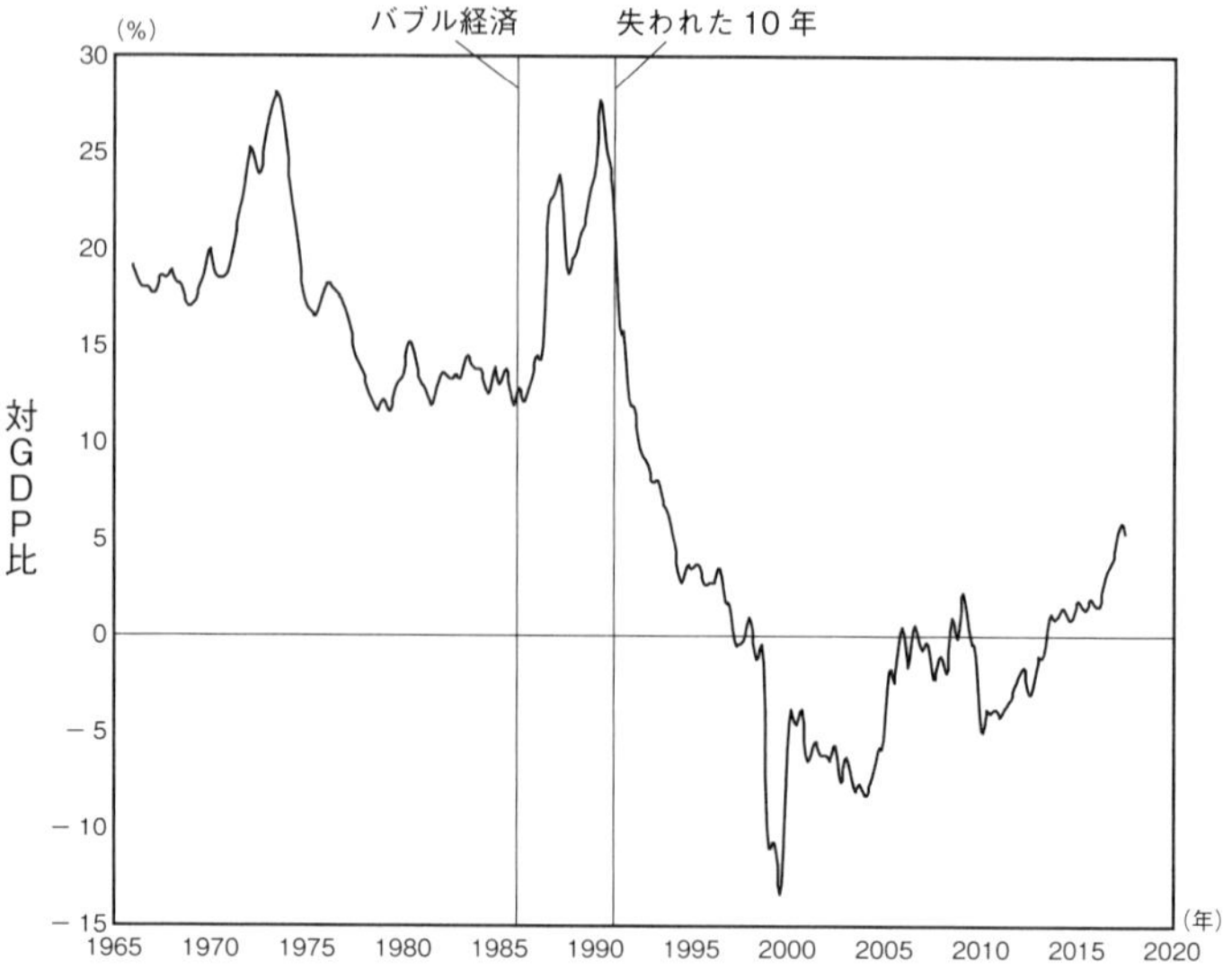

図ⅰ　日本における貸付

出典：BIS Data

して絶頂の二二〇％へと増加した(図ⅱ)。そして、貸付が非常に高いレベルから——対GDP比で一九八九年の二七％から——非常に低いレベルへ——一九九九年のマイナス一四％へと低下したのが(図ⅰ)、日本の危機とその後の長い不調の原因だ。

本書で説明するように、経済の総需要は四つの主要な源から成り立つ。すでに存在するマネー、正味の輸出、正味の政府支出、そして貸付だ。これら四つのなかで、貸付に基づく需要がもっとも変動しやすい。日本の「失われた一〇年」が起きたのは、需要のうちのこの重要な要素が単に消えたからだ。貸付による需要の平均レベルは、一九六五年から一九八九年にかけて、GDP比で約一七％だった(図ⅲ)。ところが、危機の始まりの一九九九

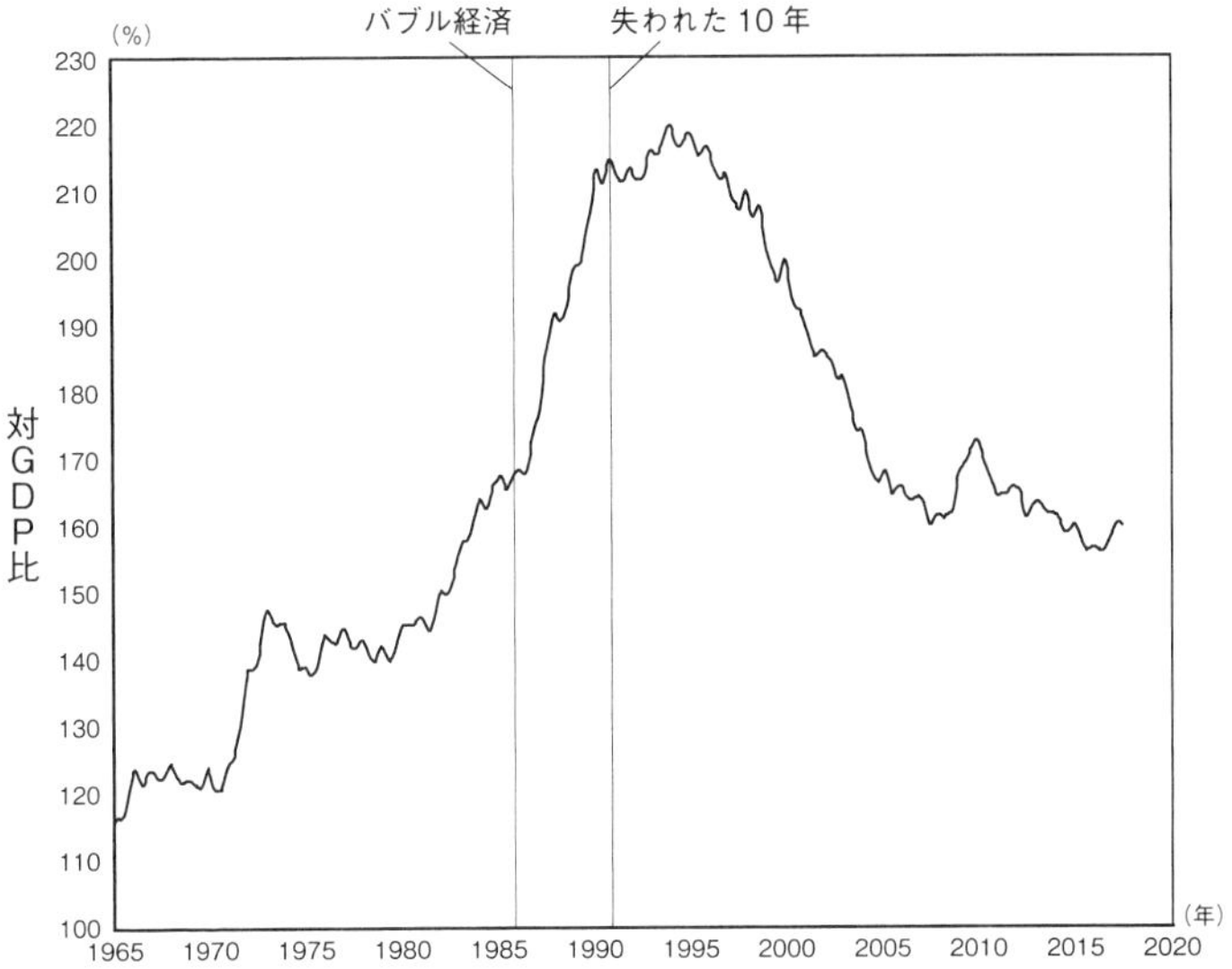

図ii　日本における民間負債

出典：BIS Data

一年から二〇一三年半ばにかけて、平均レベルがマイナス〇・七%で推移した。貸付が需要に加わるのではなくて、需要から削減された。やっと二〇一三年半ばから貸付が回復した。だが、それでもバブルが破裂する前の規模ではなかった。

現在の貸付はGDPの約五%に相当する。経済をどうにか刺激するには充分だ。だが、貸付による刺激は、危機以前の規模には決して届かないだろう。まだ民間負債のレベルが高いため、貸付の持続的な伸びは低い。貸付が再びマイナスに落ち込む可能性が高い。

かつては日本単独だった。しかし今では、アメリカなどの二〇〇八年の負債危機を経験した仲間がいる。それらの諸国は日本と同じ

図iii　日本における貸付と失業
出典：BIS and ILO Data

罠にはまった。その原因は、政治家が助言を求めた経済学者たちが、マネー、銀行(融資)、負債を理解せず、ここで私が示したようなデータを無視したためだ。

そんなふうに評価するのは、ひどい中傷と思われるかもしれない。果たして経済学者たちがマネーの専門家なのだろうか。そうあって欲しいと私は願う。だが、明らかに経済学者の多くは、銀行、民間負債、マネーが経済で果たす役割を完全に無視している。せいぜい民間負債が危機で問題になり得るのを認めるだけだ。全体として彼らは、民間負債のレベルや変化率は、金融危機のような異常事態を除いて、重要ではないと主張する。

彼らの銀行のモデルでは、貸付は新しい支出力の創出としてではなく、貸し手から借り手への既存の支出力の再分配として扱われる。つまり、一方での支出力の上昇は、他方の支出力の低下によって、相殺されるとする。だから、彼らは、前連銀理事長のベン・バーナンキの主張を借りるならば、貸付が上下しようが、「純粋な再分配が有意のマクロ経済的な影響を及ぼす筈がない」(Bernanke, 2000, p. 24)と主張するのだ。

そうした考えが誤りである理由を私はこの本で説明しているが、日本における貸付と失業率の相関関係をちらりと見るだけで、その誤りを示すのに充分だ。もしそれが正しければ、貸付(民間負債の年当たりの変化)と失業率との相関はゼロから大きくは異ならないだろう。事実マイナス〇・九一だ。ほとんど完全なマイナスの相関を示す。つまり、貸付が上昇すると失業率が低下し、貸付が低下すると失業率が上昇する(**図iii**)。

日本に関するデータが世界に教えるべきだったもうひとつの教訓も、また無視された。それ自体の通貨を持ち、貿易が黒字の国の政府は、事実上どのようなレベルの財政赤字も維持できる。そのようにする能力に実際には制限がない。というのは、その国の誰もが政府のマネーを受け容れるからだ。唯一の危険は、その結果なのだ。具体的に言えば、非常に高いレベルのインフレを起こし、高すぎるレベルの総需要によって貿易赤字をまねくことだ。

同じように、財政黒字を維持するのも間違った考えだ。というのは、その国の経済のなかでマネーの働きを損ね、それによって総需要を低下させるか、あるいは民間部門に過大な額のマネーを銀行から借りるように煽り、最終的には民間負債のレベルを爆発させ、危機を引き起こすためだ。

ところが、実は日本は、バブル経済の期間に財政赤字のレベルを低くした。「すばらしい金融管理」だと、主流派経済学者から賞賛された。だが、事実を言えば、それができたのは、貸付による民間負債のバブルによって、財政支出の削減が可能になり、税収が増加したからだった。バブルが破裂すると、財政赤字は対GDP比率で五五%から二二〇%へと劇的に上昇した(図ⅳ)。

もっとも正統的な主流派経済学者たちは、そうした高いレベルの財政赤字は破綻すると予言し続けた。だが、現実にはリチャード・クー(野村證券の顧問で、日本のバブル後の停滞を「バランス・シート不況」と分析したことで有名)が正しかった。例外的な政府支出が、「失われた一〇年」を経験した日本と大恐慌とを分ける結果になったと、彼は論じた。

しかし政府支出は症状を隠しただけで、その病因を治療したわけではなかった。

政府支出による需要の追加によって、スペインで起きたような経済の崩壊は止められた。スペインの場合は、ユーロの存在とマーストリヒト条約の規定が妨げになって、政府支出によって、民間

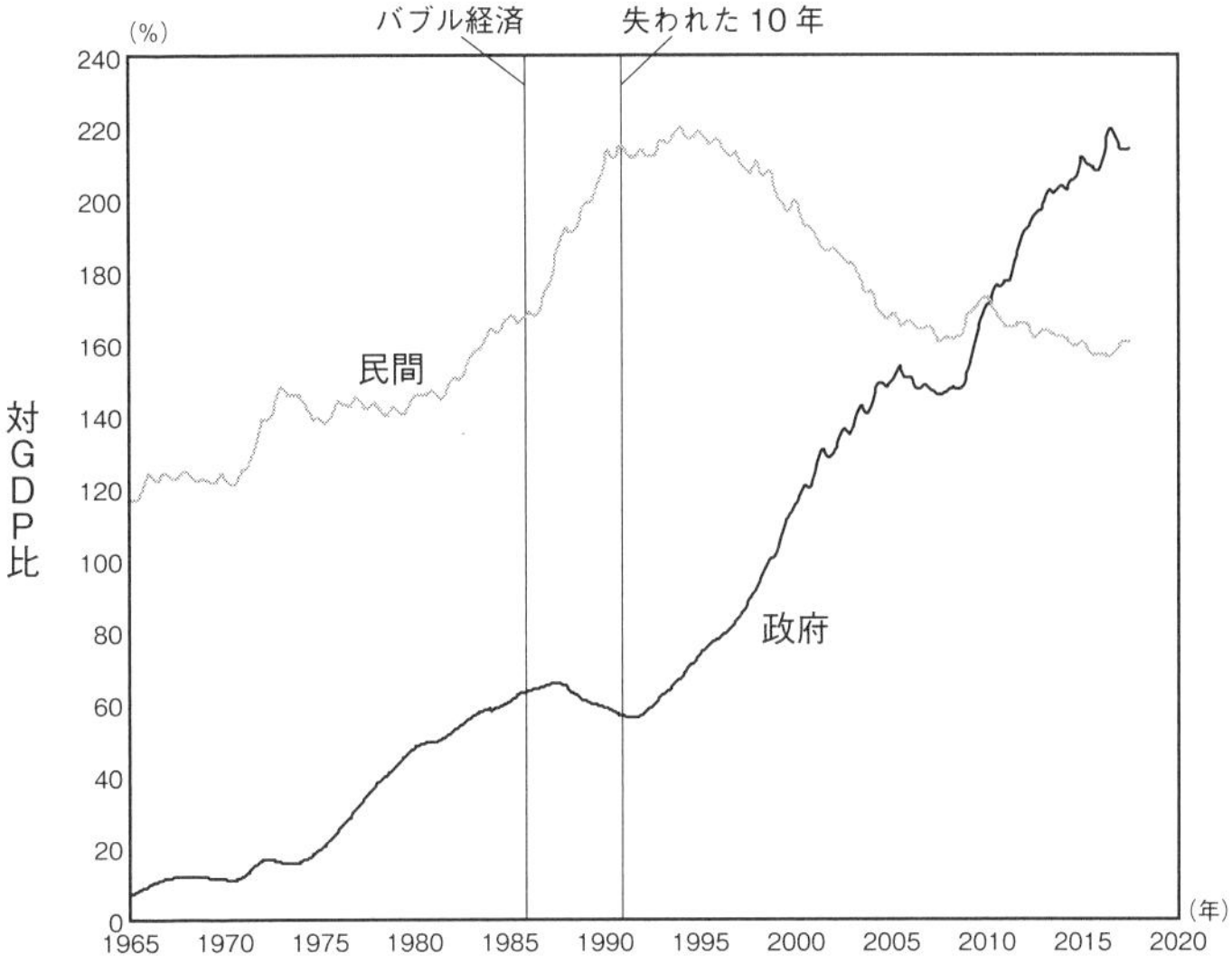

出典：BIS Data

図iv　負債の水準

部門の貸付による需要の落ち込みを防ぐことが許されなかった。だが、政府支出とても、「失われた一〇年」の真の原因――過大なレベルの民間負債――を間接的にしか軽減できなかった。政府による経済刺激、そして民間部門の負債を中央銀行が買い入れる政策（いわゆる「量的緩和」）が、もし政府支出が、民間の非金融部門の負債を減らすのに直接当てられていれば、はるかに有効だっただろう。この政策を私は「現代の負債特赦」と呼ぶが、本書の最後の章で説明する。

日本の民間負債の構成は異常だ。そのため負債特赦の政策に、もうひとひねり加えることが必要になる。負債のない家計へ行くマネーは、企業の株式の購入のため支出され、その株式は企業の負債の削減に当てられるべき

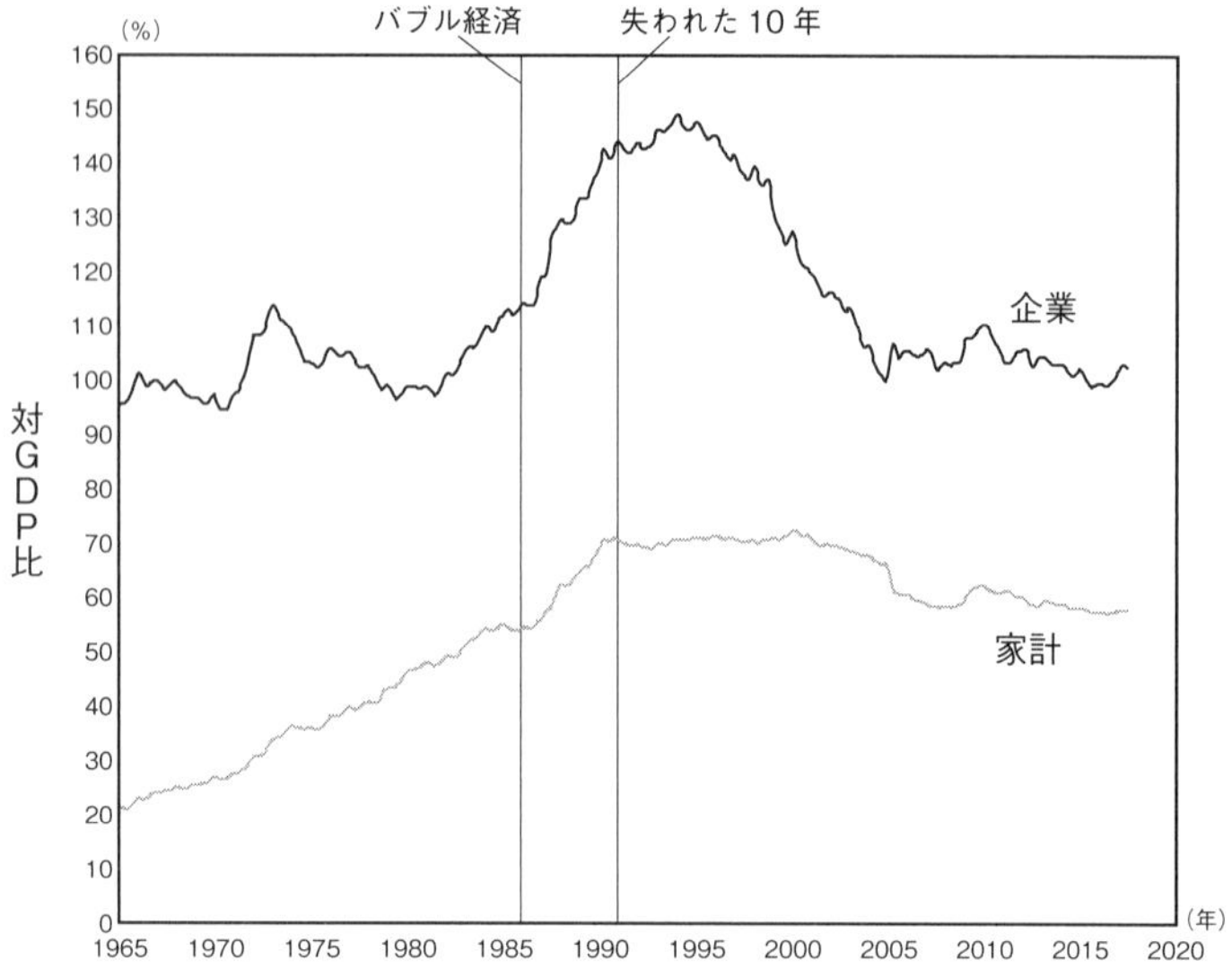

図 v　負債の水準

出典：BIS Data

だ。それによって日本の企業の高いレベルの負債が削減され、技術革新や新しい投資が可能になる。その結果として、金融政策と間違った量的緩和策のため格差が悪化するなかで、部分的だが、株式所有が民主化されるだろう（図 v）。

私が結論の章で説明する政策は、過剰民間負債の罠に最初に落ち込んだ日本を、それから抜け出す最初の国にすることができるだろう。現実にそれができるかどうかは――主流派経済学の間違った、しかも経済に打撃を及ぼす見方に相変わらず取りつかれた――政治家たちよりも、はるかに大きく読者の皆さんに懸かっている。今や読者の皆さんが、政治家たちにたいし考えを変えろと呼びかけるべき時だ。

謝辞

私は大きな知的恩恵を、今は亡き偉大な経済学者のハイマン・ミンスキー、リチャード・グッドウィン、ウイン・ゴッドリー、そしてジョン・ブラットから受けた。

また研究の上での多くの同僚との交流から得るところが大きかった。トロンド・アンダーセン、ボッブ・エアーズ、ダーク・ベゼマー、ゲール・ジロウド、デイヴィッド・グレーバー、マシサス・グラセリー、マイケル・ハドソン、マイケル・クムホフ、マーク・ラヴォア、ラッセル・スタンディッシュ、そしてデヴリン・イルマズの名をとくに挙げておきたい。

さらに個人ではリチャード・ヴェイグから、団体ではインスティチュート・フォア・ニュー・エコノミック・シンキングから、また広く一般からはキックスターター(NGO)経由で寄付を受けた。いずれも私の研究にとって不可欠だった。

本書は、国際決済銀行(BIS、本部はスイスのバーゼル)による調査資料がなければ、書かれることはなかっただろう。その調査によって、世界中の民間と政府の借入れ、そして住宅の価格などに関するデータが収集され、データベースが利用可能になった(1)。

この調査は、BISが誇ることのできる伝統として継承されてきた。二〇〇八年の世界的金融危機（いわゆるリーマン・ショック）を、それが起こる前に警告した唯一の公的経済機関は、他ならぬBISだった。[2] ひとえにそれは、BISが研究部長のビル・ホワイトの研究を評価したからだ。彼はハイマン・ミンスキーの論文、「金融不安定性仮説」*（一九七二、七七年）を、引用するよりも無視するほうが流行だった頃から注目していた。

＊は、本書の理解に不可欠の経済用語に訳者が付したもので、その解説は経済用語辞典として一一九ページ以下に掲げる。

目次

1 経済学者は金融危機克服を宣言

この本が提起する問題は、経済学界のリーダーたちから冷笑された。そんな時代が確かにあった。それも遠い昔ではなかった。ノーベル経済学賞を受けたロバート・ルーカスが、二〇〇三年一二月、アメリカ経済学会の会長挨拶で、もはや大恐慌のような経済危機は起こり得ないと、つぎのように勝利を宣言した。

「マクロ経済学という分野は、大恐慌にたいする知的対応として、一九四〇年代に確立された。その呼称は専門知識の集まりを指し、あのような経済破綻がまた起こるのを防いでくれると、我々は期待した。ここで私が主張するのは、マクロ経済学が、その本来の意味で成功したことである。**その中心課題である恐慌の防止は解決された。すべての現実の目的に照らしてだけでなく、事実として、何十年にもわたって解決済みだった**」(Lucas, 2003, p. 1. 強調は筆者)

だが、四年後に、この宣言は砕け散った。最初はアメリカの、ついで世界の経済が、大恐慌以来もっとも深刻な、もっとも長い危機に落ち込んだからだ。それからほぼ一〇年が経っても、危機からの回復は弱々しい。それ以上の評価はできない。つぎの金融危機が起こるかどうかの問題は、もはや気軽に見逃すわけにはいかない。

この問題が初めて提起されたのは何十年も前で、当時は無名だったが、今では有名な、一匹狼のアメリカの経済学者、ハイマン・ミンスキーによってであった。ルーカスよりも二〇年前にミンスキーは、第二次大戦後もっとも重大な経済上の事象は、何も起こらなかったことだと述べた。深刻な、長期にわたる恐慌がなかったのだ(1)(Minsky, 1982, p. ix)。それに反して第二次大戦前には、「定期的に激しい不況が生じていたから……三五年以上も激しい継続的な不況がないのは、驚くべき成功だった」。それはミンスキーにとって、経済でもっとも重要な問題は、つぎのことであるのを意味していた。

「それ──つまり、大恐慌──がまた起こり得るだろうか。もし再び起こり得るならば、なぜ第二次大戦後には起こらなかったのだろうか。これこそが、歴史的記録と過去三五年の成功から当然引き出される問題だ」(Minsky, 1982, p. vii)

ミンスキーの最終的結論は、完全な自由市場資本主義のもとでは、危機を避けることはできないが、原因は、その金融システムのため、資本主義は「本来的に欠陥を持ち、ブーム・危機・恐慌に落ち込みやすいからだった」。

「私の考えでは、この不安定性は、金融システムが成熟した資本主義と矛盾していなければ、必ず持っている特徴に起因する。そうした金融システムは、一方では、投資への欲望を加速するように信号を発し、他方では、加速する投資に資金を融通できるだろう」(Minsky, 1969, p. 224)

第二次大戦以降、深刻な危機は起こっていなかった。というのは、戦後の経済は、純粋な自由市場システムではなく、むしろ市場と国家(民営と国営)の混合経済で、国家が大恐慌前の五倍も大きかったからだ。危機が避けられたのは、「長期の深刻な落ち込みを起こすのに必要な条件である利潤の崩壊」を、「大きな政府」による支出が防いできたためだ、とミンスキーは論じた(Minsky, 1982, p. xiii)。

そうした結論に一九八二年にミンスキーが達し、そして二〇〇三年にルーカスが「何十年も、恐慌の問題は解決済みだった」と主張した。だから、ミンスキーのようにルーカスも「大きな政府」が恐慌を防いだと考えたが、そうした考えは二〇〇八年の危機によって誤りだと証明されたと、こんなふうに読者の皆さんは思うかもしれない。

事柄はそのように単純ではない。実はルーカスは、資本主義の安定性について、そして望ましい政策について、ミンスキーとまったく逆の意見に達していた。というのは、彼がとらわれていた問題は、ミンスキーの「それ、つまり、大恐慌は、再び起こり得るか？」ではなくて、むしろ学界の内輪の問題――「ミクロ経済学からマクロ経済学を導き出すことができるかどうか？」――だったからだ。

ケインズが『雇用・利子及び貨幣の一般理論』*（一九三六年）を書いてからは、経済学者は経済学を二つの要素に分けてきた。一方は「ミクロ経済学」で、消費者や企業を扱う。他方は「マクロ経済学」で、経済全体の振る舞いを考える。常にミクロ経済学は、自分にとっての効用の最大化をめざす消費者、利潤の最大化を目的とする企業、そしてあらゆる市場で供給と需要を等しくさせ、双方の力を均衡させる市場システムなどから成り立つモデルを基礎とする。他方、ルーカス以前のマクロ経済学は、大恐慌が起こった原因を説明しようとするケインズの試みの数理的解釈――ケインズ自身ではなく同時代のジョン・ヒックスによって展開された――を基礎にしていた。

ヒックスは、自分のIS－LMモデル*がマクロ経済学の理論に適合すると考えた（Hicks, 1981, p. 153; 1937, pp. 141–2）。だが、ルーカスは違った。というのは、ヒックスのモデルでは、不況のなかで政府支出によって、総需要を増大できることを意味したからだ。それは標準的なミクロ経済学とつじつまが合わなかった。ミクロ経済学では、政府の介入がないなかで、市場がもっとも効率的に機能すると主張していたためだ。

一九六〇年代の末からルーカスとその一派は、マクロ経済学へのアプローチを切り開いた。それは標準的なミクロ経済学の理論から直接に導かれたものだった。それを彼らは「新古典派マクロ経済学」*と呼んだ。ＩＳ－ＬＭモデルとは逆に、つぎのような主張だった。もし消費者や企業が合理的ならば、政府は総需要を変えることができず、政府が何をしようと、人々は逆の行動をする、と言うのだった。ルーカスと彼の弟子たちは、「合理的（ラショナル）」とは、（ａ）**消費者も企業も、彼ら一派がつくった経済理論によって、政府の政策の将来への影響をモデル化できること、**（ｂ）**彼らの理論が政策の結果を正確に予言することを、**意味すると解釈した。

「当局が好況と不況の循環に逆らう政策を進める選択肢を持つ、などというのは意味をなさない。……人々の期待は合理的だと前提することのお蔭で、当局が一貫して人々の裏をかけると期待できるような、フィードバック・ルール（制御方策）などは存在しない」（Sargent & Wallace, 1976, pp. 177–8）

それから三〇年間、政府はほとんど無能だとする、ミクロ経済学を基礎にするマクロ経済学を想定することによって、経済の込み入った数理モデルが開発された。それがいわゆるＤＳＧＥモデル*に他ならない。ＤＳＧＥは、ダイナミック・ストカスティック・ゼネラル・イクイリブリアム（動学的のＤ・確率的のＳ・一般的のＧ・均衡のＥ）の略称だ。

この間の過程は平和的でも非政治的でもなかった。その最初のモデルは「リアル・ビジネス・サイクル（RBC）」モデル*と呼ばれるが、すべての市場の働きは完全で、すべての失業は――大恐慌の二五％の失業率も含め――自発的だと想定した（Prescott, 1999; Cole & Ohanian, 2004）。多くの経済学者にとって、それは行き過ぎだった。今では、主流派のなかで生じた「淡水と海水*（シカゴ対東西海岸）」の分裂として知られる。

政治的には、より進歩的な「海水派」の経済学者たち（ニュー・ケインズ派*と自称）が、競争相手の「淡水派」が開発したRBCモデルを採用し、「市場の不完全さ」を追加した。

加えたものも、標準的なミクロ経済学の理論から得られたもので、それによってDSGEモデルを生み出した。モデルに組み込まれた市場の不完全さは、不完全さのための「ショック」や「摩擦」によって乱され、モデル経済が均衡を失うと、均衡の回復を減速し、その結果として成長がゆるやかになり、非自発的な失業が生ずることを意味した。

そのような「ニュー・ケインズ派」のDSGEモデルが、世界中でマクロ経済学理論と、そして政治を支配した。そのため二〇〇七年には、財務省や中央銀行を動かすモデルになった。代表的なアメリカ経済のDSGEモデル（当時は高く評価されていた）は、（1）二つの型の企業（「完全市場」で活動する最終商品生産企業と、「不完全市場」で活動する中間商品生産企業）、（2）一つの型の家計（労働者―資本家―債券取引業者の混合体で、労働組合を通じて労働力を提供し、二つの型の企業から配当を稼ぎ、そして国債から利子を受ける）、（3）そして賃金を決める労働組合、（4）さらに税収を限られ、国債を発行する財務当局、そしてインフレやＧＤＰの成長の目標からのずれに応じて金利を変える中央銀行、これら二つから成り立つ政府部門を持っていた(Smets & Wouters, 2007)。特徴として、ＤＳＧＥモデルでは、財政政策によって雇用に影響を及ぼすことができる政府が欠けているだけでなく、金融部門も、マネーそれ自体すらも、欠けているのが普通だ。

経済の専門家、とくに中央銀行で生み出された枠組みによれば、そうした欠けた要素は、マクロ経済学では無視しても可だと考えられた。そうした学説の正否など気にせず、もし中央銀行がＤＳＧＥモデルを用いて、政策を導き、それに従って金利を適切に設定すれば、経済成長もインフレも望ましいレベルに達し、完全雇用と低インフレの天国のような状態に、経済は到達するだろうと思われた。

まさに二〇〇七年の半ばまでは、この経済モデルが現実世界を正確に記述するように見えた。失業率は、一九八三年の不況のアメリカで一一%、一九九〇年代の初めの不況で八%弱、二〇〇〇年代初めの不況で六%強を記録した。年月の経過とともに失業率が下がる傾向が明らかだった。インフレは、一九八〇年にほぼ一五%、一九九一年に六%強、二〇〇〇年代の初めに四%弱にとどまり、下降しつつあった。ニュー・ケインズ派の経済学者たちは、こうした展開は彼らの経済の運用が功を奏し、彼らの経済のモデル化のアプローチの正しさを裏付けると思い込んだ。彼らは「大平穏(グレート・モデレーション)」という学界用語を造語した(Stock & Watson, 2002)。それによって、失業率とインフレの低下の時期を表し、そうなったのは、彼らの経済運営のお蔭だとした。連銀の前理事長のバーナンキは、こうした成り行きにたいして、経済学者への祝意を一段と強く表明した。

「不況の頻度も程度も低くなり、生産や失業の四半期ごとの変動も、目立って減少した。大平穏の源については論争が残っているが、別のところで述べたように、**インフレ防止の向上が、この歓迎すべき経済の変化にたいし大きく貢献したという見方には裏付けが存在する**」(Bernanke, 2004. 強調は筆者)

ＯＥＣＤのような公式の経済機関は、ＤＳＧＥモデルを用いて、二〇〇八年は好況の年になるだろうと予測した。二〇〇七年初めのアメリカでは、失業率は好況時の四・五%で、インフレは連銀の目標の二%をぴたりと満たしていた。そして、ＯＥＣＤによれば、二〇〇七年六月の時点では、先行きは――アメリカ経済も世界経済も――明るかった。

「昨年秋の「経済展望」で、ＯＥＣＤはつぎのように見ていた。例えば二〇〇一年などと違って、アメリカの下降は、世界規模の経済の弱さの時代を予告していなかった。むしろ「なめらかな」回復が期待された。ヨーロッパがアメリカからバトンをひきつぎ、ＯＥＣＤ諸国の成長をうながしていた。

最近の動向によってこの予測はほぼ確かめられていた。確かに、**多くの面で最近の経済の状況**

は、このところの経験にくらべて好転していた。こうした背景のもとで我々は、バランス回復シナリオに従った。**我々はおおむね良好と予測した。**アメリカはソフト・ランディング、ヨーロッパは強い持続的な回復、日本は確かな足取り、そして中国とインドは浮揚の状態にあった。最近の傾向に従って、ＯＥＣＤ経済の持続的成長は、力強い雇用の創出と失業の減少によって支えられるだろう」(Cotis, 2007. 強調は筆者)

だが、このバラ色の予測は、発表される前から間違っていた。アメリカの失業率は、二〇〇七年三月には四・四％、そして二〇〇七年一二月には五％へと上昇した。すでにこの段階で、金融市場は混乱していた。だが、主流派の経済学者たちは、ＤＳＧＥモデルに従って、失業の増加は大きな問題ではないと思った。二〇〇七年一二月、連銀のデイヴィッド・ストックトン研究・統計部長は、金利設定の当局である連邦公開市場委員会(ＦＯＭＣ)にたいして、二〇〇八年には不況は起こらないと保証した。

「全体として我々の予測は、かなり良好な絵を描いていると見ることが許されるだろう。金融の混乱にも拘わらず、経済は不況には落ち込まず、食料やエネルギーの値上りは急で、ドルの交換価値は下がったが、我々は、僅かだが、インフレを低めた」(FOMC, 2007)

連銀のモデルの予測とは著しく対照的に、大恐慌以降のどの時期よりも急速に、二〇〇八年と二〇〇九年に失業が増加した。短期間だったが、二〇〇八年の半ばに、インフレ率は五％と高くなった。だが、朝鮮戦争終結のあと起こらなかった何かが、起こった。二〇〇九年の半ばにマイナス二％と、マイナスに転じたのだ。金融市場は危機が続いた。主流派の経済学者たちも無視できなくなった。だが、実は、彼らのモデルには金融部門が欠けていた。

明らかに、何かがひどく欠けていた。僅か四年前にルーカスが大恐慌は起こり得ないとしたときの自信は、蒸発していた。当局の経済学者の対応は、ただただパニックだった。いったんは、彼らは自分たちの経済モデルを窓の外に放り投げた。そして政府資金を経済に注ぎ込んだ。彼らは、目の前で資本主義を崩壊させたくなかったのだ。当時の財務長官、ハンク・ポールソンが、回顧録の『オン・ザ・ブリンク（崖っぷち）』に書いているように、二〇〇八年の末には、アメリカ政府の高官たちは、政府が決定的な行動をとらなければ、資本主義の終末は近いと思った。

「「何千億ドルもの債券を買い上げねばならない」と、私は言った。何兆ドルと言うべきだと分かっていた。もしそう言っていれば、心臓が止まっていただろう。「市場を鎮静するため、今晩には声明を発し、来週には法律を用意しなければならない」と、私は言った。

我々が求める権能が与えられなければ、何が起こるだろうと問われて、私は答えた。「神が皆をお救いくださるように」と」(Paulson, 2010, p. 261)

ハイマン・ミンスキーが生きていて(一九九六年没)、これを目撃したとしても、驚くことはなかっただろう。というのは、主流派の経済学者たちは説明できなかったが、この危機こそは、彼の反主流的な経済観の中心的な予言だったからだ。

ミンスキーは、経済学の主流の外側で研究した。主流派の経済学の基礎は健全ではないと、いつも彼は見ていたからだ。主流派の基礎は「新古典派的(ネオクラシカル)な」アプローチだった。それは一八七〇年代にレオン・ワルラスによって始まった。非協調的な市場から成り立つシステムであっても、すべての市場で供給と需要が一致し、彼が「一般的均衡」と呼んだ状態に到達することを、彼は示そうと試みた。彼を初めとする現在の主流派経済学の父祖たちは、現実世界の中心的な多くの性質から抽象して、モデルの構築を容易にした。だが、現実世界の特徴を欠いたため、ポール・サミュエルソンが「新古典派総合*(ネオクラシカル・シンセシス)」と呼んだ学説では、資本主義の不安定性を説明できなかった。だが、その不安定性こそ、ミンスキーにとっては、現実世界の特徴だった。

「新古典派総合の抽象モデルでは、不安定性を発生させることができなかった。新古典派総合の学説がつくられるとき、資本資産、銀行とマネー創出にまつわる金融の取り決め、負債によって課せられる制約、不確定な将来にたいする認識の問題などは、すべて捨て去られた。**経済学者**

や政治家がより良くありたければ、新古典派総合を放棄しなければならない」(Minsky, 1982, p. 5. 強調は筆者)

主流派のまったく外側で研究したため、そしてつぎの大恐慌が起こり得るかどうか解明するのが彼の関心事だったため、崇高な深い真実から彼は出発していた。再び大恐慌が起こり得るかどうかの問題に答えるためには、**恐慌を起こせるような経済モデルを必要とする**。「これらの問題に答えるためには、ひとつの経済理論が求められた。それは大恐慌をひとつの可能な状態として起こせなければならなかった。その状態のなかに、資本主義のひとつの型を見出せねばならなかった」(Minsky, 1982, p. xi)。だが、主流派のモデル——とくにDSGEモデル——では、それが不可能だった。彼らの基本想定状態は均衡であって、危機ではなかった。どんな「外生的ショック」であっても、そのあとでは均衡へ戻ると想定された。また金融部門が欠けていた。そのためミンスキーは彼自身の理論を生み出さねばならなかった。それを彼は「金融不安定性仮説」と命名した。それによって彼は、資本主義は「本質的に欠陥を持つ」という結論に到達した。

彼は、それが極端な主張だとすんで認めていた。「国内的であれ国際的であれ、金融危機は、歴史を通じて資本主義と関係していた」が、しかしそれは歴史的偶然かもしれない。だから、金融危機が起こったことは、「資本主義にとって金融危機が本質的なことを証明しない——歴史的危機は、無知と人間の誤りと回避可能な金融システムの性質などの組み合わせかもしれない」と認めていた(Minsky, 1969, p. 224)。だが、結局それとは逆にミンスキーは、資本主義が本来的に景気循環と危機を起こす傾向を持つと主張した。彼の主張は、資本主義の多くの弱点ではなく、その核心の力に向けられた。資本主義は、リスクを冒すのを奨励し、その楽天主義が生産と社会そのものを変える革新へ導くとした。この点こそが、二〇世紀を通じて資本主義が社会主義との競争で容易に勝てた理由のひとつだった。ソビエトは、フルシチョフが言ったように、「我々があなたたちを征服する」と信じていたが、ソビエトの「供給に制約された」生産モデルよりも、「需要に制約される」西側のほうが容易に成長し、完全に革新を遂げた(Kornai, 1979; Keen, 1995a)。

だが、革新と成長は広範囲にわたる不確定性という環境をもたらした。というのは、革新の過程そのものが未来を変えてしまうため、未来を論理的に予測することができないからだ。ケインズが注目したように、「未来についての我々の認識は変動し、漠然としていて、不確かだ……どんなことであれ、計算可能な確率を生み出す科学的な基礎など存在しない。ただただ我々には分からないのだ」(Keynes, 1937, p. 214)。こうした現実を前にして、ミンスキーが率直に述べたように、「世界の未来にたいする展望は過去の評価に基づくようになる」(Minsky, 1969, p. 227)。他方、ケインズは、広範囲にわたる不確定性に対処するため我々が採用した手順のひとつは、つぎの通りだと、挑戦的に述べた。

「過去の経験の公平な吟味がこれまでそうであったと示す以上に、現在は未来にたいする、はるかに役に立ち得る導き手だ、と我々は想定する。つまり、我々がまったく知らない現実の性質が将来どう変化するかの見通しを、我々はほとんど無視するのだ」(Keynes, 1937, p. 214)

そうした過去の条件を先へも延ばすことが、投資における集団現象を起こすと、ミンスキーは論じた。この点についてケインズは、みごとにつぎのように述べていた。「自分の個人的な判断は無価値だと認識して、おそらく知識がより豊かな、自分以外の世界の判断にまかせようと努める」(Keynes, 1937, p. 214)。その結果として、危機に先立つ比較的平穏な成長の時期が、資本主義を、未来にたいする失望状態から、危機にたいする記憶が遠のくにつれて、「幸せな期待」を抱く状態へと変える。「そのため資本主義経済の根本的な不確定性が浮上する。うまくやっていくことを投機的な投資ブームへと変える傾向が、資本主義経済の基本的な不安定性なのだ」(Minsky, 1977b, p. 13)。

この不安定性は、ミンスキーの博士論文の指導教授だったシュンペーターが主張したように(Schumpeter, 1928, 1934)、好況と不況の循環を生じさせたが、だが、もうひとつ別の資本主義本来の性質、つまり、民間の負債、が存在しなければ、深刻な破綻にはならなかった。民間の負債を無視した主流派マクロ経済学(Eggertsson & Krugman, 2012, pp. 1470-1)とは対照的に、ミンスキーは「負債が資本主義経済の本質的な性質だ」(Minsky, 1977b, p. 10)と主張した。というのは、利潤を内部留保した上で、残った額を投資するように求められるが、それには借入れが当てられるからだ(Fama & French, 1999a, 1999b, 2002)。これが資本主義に中期的な循環過程をもたらし、それが多数回にわたって繰り返され、過大な民間負債を蓄積させる長期的傾向をまねくのだ。したがってミンスキーは、経済の循環する傾向と民間負債の双方が、マクロ経済学の理論では中心的役割を果たさねばならないと、つぎのように主張した。

「負債と収益の関係を分析する際に、自然な出発点は、現在は好況だとしても、その過去の循環と、経済とを結びつけることだ。受け継がれた負債は、経済の過去を投影する。そこには、経済がかんばしくなかった、それほど遠くない過去の時期が含まれる。受け容れ可能な負債の構造は、ある安全な幅の上につくられる。それによって、経済の具合がよくない時期でも、期待されるキャッシュ・フローが、負債にたいする契約した支払額を満たす。つまり、口銭で要返済額を満たせるようにする。経済の具合がよい期間が長くなると、会社の重役室では、二つのことがはっきりしてくる。まず負債の存在が容易に正当化され、負債が重い部門が好調になる。つまり、レバレッジ(てこの原理を使うこと。元手の何倍も借金して投資額をふやし、利得を大きくふくらませること)が引き合うようになる」(Minsky, 1977b, p. 10)

その結果、穏やかな成長の時期は、期待の増大をもたらす。そしてレバレッジを増大させる傾向がある。その点について、ミンスキーは、彼のもっとも有名な文章でつぎのように述べている。「安定――つまり平穏――は、循環的過去と資本主義的金融制度を持つ世界では、不安定に他ならない」(Minsky, 1978, p. 10)。

ブームが破裂する原因は多く存在する。万事うまく行くという期待によって、失敗すると運命づけられている計画に投資をもたらす。銀行には、「負債構造——銀行自体の、そして借り手の負債構造——つまり、期待するのがきびしい時期であれば拒否されるような負債構造」を押し付ける。そうした万事うまく行くという投資が、ブームの期間に損失を蓄積する。ブームの時期の金融需要によって、資金市場の金利を上昇させ、そうでなければ実行可能だった保守的な投資を減らしてしまう。ブームの頂点で、株の過大評価を予感して、株式市場への参加者は株を売り払う。そのため信用崩壊の引き金が引かれる(Minsky, 1982, pp. 122–4)。

もうひとつの要素は、ミンスキーが考慮しなかったが、循環的経済で鍵となる性質だ(Goodwin, 1967; Blatt, 1983, pp. 204–16)。それは、ブームが所得の配分を変えることだ。ブームが始まると、投資の伸びのお蔭で、雇用率が高まり、原材料にたいする需要が増大する。そのため賃金や投入材料の価格を上昇させる。内部留保を上回る投資は負債によるから、負債の比率もブームの期間に伸びる。だから、負債にたいして手当するコストも増大する。これらの高賃金、増大する投入、高い利子コストなどは、究極的には、ブームが始まったとき資本家が期待した利潤は実現されないことを意味する。産出の増した分は、労働者、コモディティ(エネルギー、原材料、食糧など)の生産者、そして銀行などによって持ち去られ、資本家には利潤として期待されたものが、より少なくなる。投資が低下し、経済の成長率がぶれて、ブームがスランプに道をあける。

スランプは、万事うまく行くという期待を不況感に変える。そして利率、土地や株などの資産価値、収入の分配の変化など、ブームが継続的に大きくしたのを、逆向きにする。総需要は減少し、雇用は低下し、労賃や原料コストを引き下げる。だが、同時につぎを意味する。危機のあとのキャッシュ・フローの減少のため、負債返済を計画通りに達成できないことになる。危機から回復しても返済されない負債が残り、(ブームによる短期間の高雇用のあと)スランプと回復の時期の低雇用が長く続くことで、しばらくインフレ率が低下する。

産出に占める利潤の割合が最終的にある基準に戻ると、再びつぎの万事うまく行く期待と高い率の負債を背負った投資の時期が始まる。だが、今度の出発では、以前にくらべGDPにたいする負債の比率がより高くなっている。また格差も大きくなっている。というのは、負債の水準がより高いため、所得からより大きな割合が銀行へ行き、労働者(そして原料生産者)の取る割合が少なくなる。

だから、つぎのブームは、高い負債比率と低いレベルのインフレから始まる。そのようにして、つぎが、そしてそのまたつぎが始まる。そうしたレベルの負債が引き受けられる結果、スランプの期間の低下した金利、低下した賃金、低下した原料コストでは、利潤に及ぼす負債返却の影響を相殺できない。破産がなければ、負債が永遠に複利で大きくなり続けるだろう。逃げようがない。破産によって、負債は減る。だが、資金供給の減少という代価をともなう。そのため需要も減る。利潤は回復せず、投資は止まり、経済は――大規模な政府支出がなければ――大きな恐慌に落ち込み、抜け出せない。

政府支出はこの過程を緩和できる。エアコンが、室内の温度の変動を、外気の温度の変動よりも小さくできるのと同じだ。スランプの間、失業が増し、給与や利潤への課税に基礎を置く政府収入が減るのにしたがって、失業のレベルに部分的に影響され、政府支出が上昇する。だが、企業や家計とは異なり、政府支出は税収によって制限されるわけではない。というのは、政府は中央銀行を所有する、つまり、社会で「自分のための銀行を所有する」からだ。税金で取り戻す以上の額を容易に支出できる。税収の不足分は、究極的にはマネーを創出できる中央銀行によって融通される。だから、政府の正味の支出は経済それ自体とは逆の方向に動く。その結果、企業には、そうでなければ、ありつけなかったキャッシュ・フローが与えられ、それによって負債を返却できる。

しかし、過去四〇年間、新自由主義の政治哲学——資本主義にたいする新古典派の見方を信ずるところから生まれた政治哲学——が政府をけしかけて、政府支出を制限させ、その過程でますます高い失業率を許してきた——つまり、政府支出の「エアコン」的効果を小さくした。新自由主義的な経済政策が続けば、そして失業率の高い時期の政府の対応が弱められるならば、民間の負債危機が、かなりの規模の経済危機の引き金になる可能性が大きい。だから、「それ」はまた起こり得るのだ。

ミンスキーの理論は説得力があるが、それが初めて展開されたときは、主流派の経済学では受け容れられなかった。というのは、主流派が「良い」経済理論には必要とした前提を、ミンスキーが拒否したからだ。バーナンキの『大恐慌に関する覚書』のなかでのミンスキーにたいする扱いは、その古典的な事例だ。この本は、自分が大恐慌の専門家で、だから連銀を率いるのに理想的な人物だ、と主張するための論文を集めたものだ。

偏見のない観察者は、バーナンキが、大恐慌について説明を試みた主要な理論を、ミンスキーのものも含め、すべて検討したと期待するかもしれない。だが、つぎが、バーナンキが本のなかでミンスキーに与えた評価のすべてなのだ。「ハイマン・ミンスキー(Minsky, 1977a)とチャールズ・キンドルバーガー(Kindleberger, 1978)は、数カ所で金融システムの本質的な不安定性について論じたが、そうすることで、合理的経済行動という想定から逸脱しなければならなかった」と述べ、そしてつぎのような注がついていた。「私は経済生活での非合理性の重要性を否定しないが、最善の研究戦略は、可能な限り合理的な命題を推進することだ」(Bernanke, 2000, p. 43)。

だが、危機のあと主流派は、ミンスキー無視を大幅に縮小した。マクロ経済学モデルの基礎をミクロ経済学に置くことが正当化されるとする確信は弱まった。ミネアポリス連銀の前総裁で、影響力の大きなナラヤナ・コチャラコタは、最近つぎのようにコメントした。この一〇年間の経済データが、主流派経済学者にとって、どれほど驚くべきものだったにせよ、彼らは「我々は解決に成功したマクロ経済理論を持っていない」と認めねばならない。

「本格的なモデルづくりの前提は、マクロ経済の研究は、確立された理論の上につくることができるし、またつくられねばならないということだ。私自身の考えでは、過去一〇年間のデータの流れの非常に驚くべき性質からして、この「本格的な」モデルづくりの基本的前提は誤りなのだ。単に我々は解決に成功したマクロ経済理論を持っていないだけだ。二五年前ないし四〇年前になされた選択――当時としては多くのすぐれた理由からなされた選択は、石に刻まれているとか、ペンで書かれているとか、というように扱ってはならない。そんなことをすれば、我々はマクロ経済を理解する道をふさぐことになる」(Kocherlakota, 2016)

世界銀行の首席エコノミストのポール・ローマーの最近の論文、「マクロ経済学の悩み」はさらに酷評する。DSGEモデルはあまりにも非現実的だから、「ポスト・リアル」とあだ名で呼ぶにふさわしく、「当惑する結論に達するため信じられない想定」(Romer, 2016, p.1)を用いると述べ、観察不能な虚構に踊らされていると皮肉った。彼はそうした想定を「フロギストン(燃素)」――酸素が発見される前、燃焼を説明するのに一七世紀の化学者が用いた想像上の物質になぞらえた。

だが、主流派も、ミクロ経済的な基盤からマクロ経済モデルを導き出す代案を想像するのに困難を感じていた。IMFの研究部長で忠実なDSGEモデルの提唱者だったオリビエ・ブランシャールですらも、DSGEモデルには重大な欠陥があることを認めた。「それらは魅力のない想定を基礎にしている。すべてのモデルに求められる想定の単純化ではなく、我々の消費者や企業についての知識とひどく合致しない想定の上に立っている」。しかし同時にブランシャールは、ミクロ経済的な基礎から以外に、マクロ経済モデルを得る方法を想像できず、つぎのように述べる。「広く受け容れられる分析的なマクロ経済学の核心、検討と発展の場を追究するのは、夢想に過ぎないかもしれない。だが、それは追究するに値する夢だ……明確なミクロの基礎から出発するのが本質的であることは明らかだ。他に出発点があるだろうか」(Blanchard, 2016)。

「広く受け容れられる分析的なマクロ経済学の核心」が必要という点では、私は完全にブランシャールに賛成だ。私はそれを創造できると信ずる。しかし、その基礎はミクロ経済学ではない。というのは、四〇年以上も前に、指導的な立場にあった主流派の数理経済学者が、ミクロ経済学から直接的にマクロ経済学を得ることは**不可能だ**と証明しているからだ。指導的な主流派のマクロ経済学者の間で、現実を新たに、すすんで重視するのであれば、その証明（ゾンネンシャイン－マンテル－デブリュの定理）[*]を、彼らが真剣にとりあげるべき時だ。ミクロ経済を基礎とする着想は、かつては直観的に合理的と思われたが、それは単純明快に不可能なのだ。

2

ミクロ経済学、マクロ経済学、そして複雑性

一九七六年からロバート・ルーカスが——「恐慌の防止はすでに解決された」と自信に満ちて——主流派マクロ経済学の発展を支配した。彼にとっての命題は、「すぐれたマクロ経済学理論は、ミクロ経済学を基礎にすることによってのみ展開される」だった。「経済計測学モデルの構造は、経済行為者(エコノミック・エージェント)の最適決定ルールから成り立つ」(Lucas, 1976, p. 13)と論じ、マクロ経済学理論が正しくあるためには、効用を最大化する消費者と利益を最大化する企業の行動を扱う、ミクロ経済学理論から導かれねばならないと主張した。

だが、実は、ルーカスの方法に関する方針——マクロのレベルの現象は、ミクロのレベルの基礎から導かれるし、またそうしなければならない——は、彼がそれを言う前からすでに正しくないと指摘されていた。さかのぼればすでに一九五三年には(Gorman, 1953)、数理経済学者たちは、個別の消費者の行動に関するミクロ経済学の予測が、市場のレベルにも果たして応用できるか、を問題

として提起していた。彼らは、残念ながら、できないとつぎのように結論した。

「市場需要関数は、いずれにしても、消費者需要関数を特徴づける古典的な制約を必ずしも満たす必要はない。……上記のような結果の重要性は明らかだ。市場需要関数が消費者需要関数の特徴を持つという仮説を正当化するには、いくつかの強い制約が必要なのだ。特別の限られた場合にのみ経済は、「理想化された消費者」として行動すると期待できる。効用性仮説は、追加的要件が加えられていなければ、市場需要に関して何も語らない」(Shafer & Sonnenschein, 1993, pp. 671–2)

彼らが示したのは、もしあなたが二人以上の消費者を選び、彼らの好みが異なり、収入源が異なり、二種類以上の商品を消費し、そして収入の上昇によって相対的な消費レベルが変化するならば(ある商品は贅沢品で、他は必需品であるため)、それらの結果である市場需要曲線はどんな形にでもなり得るのだ。[1] 曲線は、経済学の教科書にあるように、下方へ傾いていなければならないことはない。

この結論は、もし商品の価格が上がらずに、下がっても、現実の経済での現実の商品の需要が低下することを意味しない。それが意味するのは、この経験的な規則性は、ただ一人の消費者から成り立つモデルが省略した性質によるに違いないということだ。失われた性質のなかでもっとも明らかな候補は、消費者間の所得の分配だ。それは価格の変動によって変化する。

個人の下り坂の需要曲線の集まりから、どんな形の市場需要曲線でも導き得ることは、容易に理解できる。だが、主流派の伝統のもとで育てられた者には、非常に受け容れが難しい。消費者の収入に影響を与えないで相対価格が変化し得ると想定することで、個人の需要曲線が導かれる。だが、この想定は、社会全体を考えるとき――個人の需要を集めて市場需要曲線を得る際に、社会全体を考えることになり――成り立たない。なぜならば、相対価格を変化させることによって、相対的収入も変えてしまうからだ。

相対価格の変化は、収入の分配を変え、したがって異なる市場の間での需要の分布を変えるため、商品の価格が下がるとき、商品にたいする需要もまた下がる。というのは、低い相対価格が需要をふくらませるよりも、価格の下落のほうが客の収入を大幅に低下させるからだ（簡単な例をKeen, 2011, pp. 51-3に掲げてある）。

この発見にたいする賢明な対応は、相対価格の変化が、集団での収入の分布を実質的に変えない場合に限って、個人の需要曲線がグループ化できる、とすることだ。すべての賃金労働者を「労働者（ワーカー）」と総体化し、すべての利潤取得者を「資本家（キャピタリスト）」とくくり、そして利子（レント）を稼ぐ者を「銀行家（バンカー）」としてまとめ、つまり、あなたが社会階級のレベルから分析を始めるのであれば、需要曲線のグループ化は正しい。アラン・カークマンが、三〇年も前に、そうした対応をつぎのように提言していた。

「さらに進歩しようというのであれば、集団として一貫して行動するグループという観点で、理論化するように求められるだろう。もし現実に即して想定されるのであれば、需要と支出の関数は、かなり高度な総体として定義されねばならない。孤立した個人のレベルから出発すべきとする考えは、捨てたほうが望ましい」(Kirman, 1989, p. 138)

不幸なことに、主流派の反応は、より非開明的だった。この発見を受け容れるよりも、むしろそれを無視できる条件を探した。そうした条件は馬鹿げていた。その結果、すべての個人と**そしてすべての商品**は同じだと想定するに至った。個人レベルのモデルを単に延長したマクロのレベルのモデルをつくる、主流派の方法論を維持したいという欲求が、リアリズムに勝ったのだ。

この結果を得た最初の経済学者はウイリアム・ゴアマンだ。実際には馬鹿げた想定をしたのも、「直観的には合理的だったからだ」と、彼は主張した。その想定とは、収入の分配が変化しても、消費を変化させないというものだった。その理由を、「先に引用した必要充分条件は、直観的には合理的だ。実際にそれが意味するのは、**それが誰に与えられたかに関わりなく、購買力の追加分は同じように消費されるべきだ**」(Gorman, 1953, pp. 63–4. 強調は筆者)と彼は説明した。そして、異論があるが、二〇世紀の経済学者のなかでもっとも新古典派経済学のために貢献したのは、ポール・サミュエルソンだったが、彼はつぎのような考えを認めた。関係のない個人の需要曲線を総合して、あたかも個人の需要曲線であるかのように振る舞う市場需要曲線をつくることはできないとしながらも、「家族の社会福祉の順序関数を得ることができる。というのは、血は水よりも濃いから、つまり、**ドルの限界社会価値を等しく保つように**、家族の構成員は自分たちの間で収入を再分配すると想定できるからだ」(Samuelson, 1956, pp. 10–11. 強調は筆者)と彼は主張した。ついで、この幸せな家族の姿を社会全体へと、のんきに拡大した。「**もし各人の限界ドルの倫理的価値を等しく保つため、収入の最適な再割り当てを想定できるならば**、同じ議論が社会全体にあてはまるだろう」(Samuelson, 1956, p. 21. 強調は筆者)とした。

主流派経済学者がその術を学んだ教科書が壁となって、学生たちはこうした馬鹿げた対応から隔離される。つまり、「代表的消費者」という虚構——ミクロ経済学的に健全なマクロ経済学のモデルと信ずるもの——を彼らがのちに構築するときに、彼らが無意識に空虚な合理化をするように下地をつくるという次第だ。ハル・ヴァリアンの主流派上級向けの教科書『ミクロ経済分析』(初版一九七八年)は、修士と博士の課程の学生にたいして、そのように考えるのは正しいと保証した。「相対的需要を、ある代表的な消費者の需要と考えるのは便利なことがある。……それができる条件はかなり厳格だが、この問題の検討は本書の範囲を超える」(Varian, 1984, p. 268)とした上で、ゴアマンが直観的に馬鹿げた合理化と評価した点を、つぎのように妥当だとした。

「すべての個人消費者の間接的効用関数がゴアマンの式の形をとると想定せよ……(その場合)

……商品jを消費する限界的性向は、**どの消費者の収入のレベルとも独立であり、どの消費者を通じても一定だ**……この需要曲線は実際に代表的な消費者によって生成される」(Varian, 1992, pp. 153-4. 強調は筆者。奇妙なことに、この版での「生成される」が、一九八四年版では重い言葉「合理化される」に変わっている)

それから何十年も経ってから、マクロ経済モデル、すなわち——**個人を社会のレベルまで持ち上げ、そして所得の分布を無視することは正当だとする間違った信念に基づいて**——ミクロ経済的基礎から苦心して導き出されたモデルが、大恐慌以降最大の経済事件を予想できなかったのは、いささかも驚くべきことではない。

以上のようなわけで、ミクロ経済学からマクロ経済学を導くことはできない。だが、だからといって、ブランシャールが言うように、広く受け容れられてきた分析的マクロ経済学の核心、つまりその検討と展開の場が、夢想かもしれないことを意味しない。すべての経済学者が賛成する基礎から出発して、マクロ経済学を導き出す道が存在するのだ。だが、実際にその道を進むには、これまで主流派が避けてきた考え——複雑性*——を受け容れねばならない。

高い層の現象を低い層のシステムから直接的に推定するのは不可能だという発見は、今では純正な科学では共通の結論だ。それが複雑なシステムにおける、いわゆる「創発(エマージェンス)」だ(Nicolis and Prigogine, 1971; Ramos-Martin, 2003)。

ひとつの複雑システムの支配的な諸性質は、考えられた単独の要素の性質よりも、むしろ要素の相互作用に由来する。

それに関する筆者の好きな例は、水の振る舞いだ。ミクロの原理からマクロの振る舞いを導き出さねばならないならば、気象予報士は一個の水の分子の性質から、気象の千変万化の性質を引き出さねばならないだろう。その際には、適当な条件のもとで水の分子が氷の分子、水蒸気の分子、筆者の好きな、雪の分子に、どのようにして変わっていくかを示すことになるだろう。事実として、水のすばらしい性質が発現する。それは個別の水分子の性質のためではなく、多くの(同等の)水分子の相互作用のためだ。

(マクロ経済学のような)高いレベルの現象は(ミクロ経済学のような)低いレベルの現象から導き出され得るし、また導き出されねばならない、という信念の誤りについては、一九七二年――ルーカスが講演するよりも前に――ノーベル物理学賞受賞者のフィリップ・アンダーソンがつぎのように述べていた。

> 「この種の考えの主な誤りは、還元主義的な仮説が決して「構築主義的」な仮説を意味しないことだ。**あらゆる事柄を単純な法則に還元できる能力は、そうした法則から出発して宇宙を再構築する能力を意味しない**」(Anderson, 1972, p. 393. 強調は筆者)

アンダーソンは、物理学で、とくに「ミクロ」から「マクロ」へと延ばす(外挿する)態度を排斥した。そうした排斥が素粒子の振る舞いにあてはまるならば、人間の行動にはどれほど多く応用されねばならないのだろうか。

「素粒子の大きな複雑な集合体の振る舞いは、少数の粒子の性質の単純な外挿として理解されるべきではない、ということが分かる。そうではなくて、複雑性のそれぞれのレベルにおいて、新しい性質が現れるのだ。だから、新しい振る舞いの理解には、他の場合と同じように、その性質について私が基本的と思う研究を必要とする」(Anderson, 1972, p. 393)

アンダーソンは、科学には階層が存在するという考えをすすんで受け容れた。つまり、諸科学をほぼ直線的に階層として配列できるというわけだ。その着想に従えば、「科学Xの基本的存在は、科学Yの法則に従う」(**表1**を参照)。しかし、彼は、X欄のどの科学もY欄の相当する科学の応用版として扱えるという考えを排斥した。

「だが、この階層は、科学Xは「単なる応用Y」を意味するのではない。各段階でまったく新しい法則、考え、一般化を要する。それにはインスピレーションや創造性が、前段階と同じ程度に必要だ。心理学は応用生物学ではなく、生物学は化学の応用ではない」(Anderson, 1972, p. 393)

マクロ経済学は応用ミクロ経済学ではない。主流派経済学者は期せずしてアンダーソンが正しいことを証明した。というのは、彼らは、マクロ経済学を応用ミクロ経済学へと還元しようと試みたからだ。第一に、それが不可能なのを証明し、第二に、この証明を無視し、したがって第三に、マクロ経済学モデルを開発し、それによって、過去七〇年間で最大の経済事件にたいして、経済学者を盲目にさせたのだった。

表1　アンダーソンの科学の階層(1972)

X	Y
固体物理学もしくは多体物理学	素粒子物理学
化学	多体物理学
分子生物学	化学
細胞生物学	分子物理学
……	……
心理学	生物学
社会科学	心理学

アンダーソンが説明したように、マクロ経済学にたいして「構築主義的な」態度をとるのが不可能なのだから、まっとうなマクロ経済学を導き出そうというのであれば、**マクロ経済学自体のレベルから出発しなければならない**。それが複雑システムの理論家の態度だ。つまり、分析するシステムの構造から研究する。というのは、その構造は、適切に展開されるならば、システムの支配的な性質をもたらすシステムの要素間の相互作用を含むからだ。そのようにして、物理現象についての最初の複雑システム・モデルが得られたのだ。宇宙物理学のいわゆる「多体問題」、流体における乱流の問題などがそれだった。

ニュートンの引力の法則は、太陽と一個の惑星の重力による引き合いから、どのようにして予測できる楕円軌道が生ずるかを説明した。

だが、我々が実際に生きている多惑星システムの動きを説明する一般化は不可能だった。それにたいして偉大なフランスの数学者のアンリ・ポアンカレが、一八九九年に、惑星の軌道が、今では「カオス的」と呼ばれるものであることを発見した。つまり、惑星の動きを記述する一連の式があっても、その将来の運動の正確な予測には、現在のそれらの位置と速度の無限に正確な測定を要するのだ。宇宙物理学者のスコット・トレメインが述べるように、無限に正確な測定は不可能だから、「実際の目的からして、惑星の位置は、一億年よりも先については予測不能なのだ」。

「例えば、今日あなたが鉛筆を机の端から他の端へ動かしたとすると、木星の重力を変化させ、一〇億年後には、木星の太陽にたいする位置を逆にするのに充分な程になり得る。太陽系の長期間についての予測不可能性はもちろん皮肉だ。というのは、それこそがラプラスの決定論を着想させた元のシステムだからだ」(Tremaine, 2011)

複雑システムの予測不可能性のために、この分野の呼び方は「カオス理論」となった。というのは、調和的なシステムの規則的な循環のパターン(図形)にたいして、複雑システムでは、まったくパターンが現れないからだ。そのすぐれた例が**図1**(三四ページ)だ。一九六三年にエドワード・ローレンツによって開発された気象の複雑システムのモデルについて、とくに三つの変数のうちの二つの変数の、長期にわたるカオス的な振る舞いをプロットした結果だ。

しかし長期についての予測不可能性は、予測可能性の完全な欠如や構造の欠如を意味しない。多分あなたも「バタフライ効果」という言葉を知っているだろう。ブラジルで一匹の蝶がはばたくか、はばたかないかで、中国で台風が起こるか、起こらないかの差異をもたらす、という例の話だ。蝶のたとえは、立体図でローレンツのモデルの三つの変数の値をプロットしているとき思いついた。**図1**の二次元の変数XとYの見かけのカオス的な振る舞いが、モデルの三つの次元をすべてプロットしたとき、**図2**(三六ページ)に示されるように、美しい「蝶の羽」に変わったのだ。

この話は、蝶が台風の原因になることを言いたいのではない。初期条件での感じられないほどの僅かな差異が、しばらく時間が経過したあとの気象のように、複雑システムがたどる経過の予測を、本質的に不可能にするということなのだ。そのため文字通りの長期気象予報の能力は無くなるが、しかし限られた、しかし意味のある期間にわたって予報する能力は、現在の気象学の成功の基礎になっている。

ローレンツが彼のモデルを開発したのは、天気予報をするときに用いられる線形モデル(単なる足し算として変わっていくような、変化がなめらかなモデル)では満足できなかったからだ。当時の気象学者には、気象の鍵になる現象には鍵になる変数が関与すること——気温や空気の密度など——が単なる足し算のようにではなく、相互作用することが分かっていた。すでに気象学者は、流体の流れに関する非線形方程式を手にしていた(非線形は、なめらかでない変化を起こすこと。方程式は現象を呈する変数の関係の記述)。だが、ローレンツの頃は、コンピュータでシミュレート

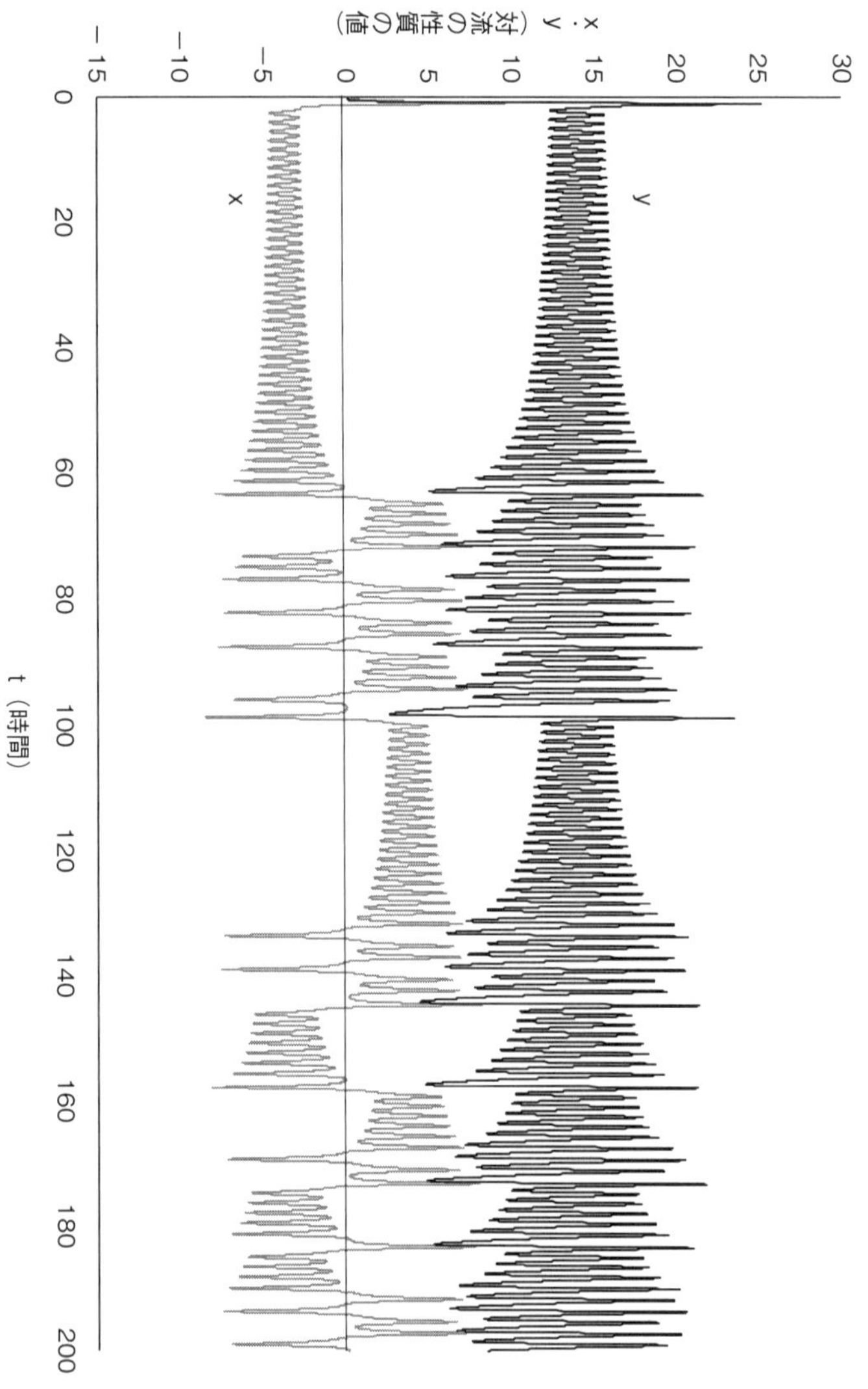

図1　カオス（ローレンツの気象モデル）

〔図の読み方（訳注）〕 気象学では，もっとも簡単な大気運動のモデルとして，箱のなかの空気の流れの変化を想定し，シミュレーション（数値計算による現象の模擬）を試みる．

空気の温度が一様でなく，垂直方向にも水平方向にも温度差があれば，対流が生ずる．風呂を沸かすときの湯の流れと同じだ．温度差の時間変化と対流の強さの時間的変化の関係がどう変わるかを調べ，成果を応用すれば，気流の性質の時間的変化（＝気象，天候）について予測可能になる．

その一例がこの図だ．横軸が時間経過 t，縦軸の数値は1通りだが，気流の2通りの性質 x と y．それぞれが変化する値を重ねた形で示す．なお対流の強さを x，水平方向の温度差の変化の度合（温度勾配）を y，垂直方向の温度勾配を z で表すと約束してあるとする（この図では z は省略，図が2次元だから）．

下のほうの薄い線が x，上のほうの濃い線が y で，どちらも比較的ゆるやかな変化から始まり，急激な変化を小刻みに繰り返す．一様に変化するのではなく，非連続的に変化する．

軌跡の全容を見ると，一定していなくて，無秩序（混沌＝カオス）を表している．

この図に見られるような振動は，周期の短い繰り返し（急激な循環）を意味する．なおこの図では見られないが，値が無限大やゼロになる場合は，現象の基のシステム（＝要素の集まり）の破綻消滅を意味する．現象の循環そして破綻消滅は，複雑性の基本的属性だ．

誤解を避けるため，2点について確かめておきたい．第1は，気流の「性質に影響する諸要素の間の関係」を問うているのであって，気流の形の変化（その結果である発生・成長・消滅などの外面的現象）を追跡しているのではないことだ．第2は，気流の性質を変化させるのは，他の気流などの外的条件の変化（＝外的ショック）ではなくて，あくまでも内的条件――気流の性質を決める要素と要素のからみ方の結果――だということだ．だから，計算を始めるために要素に初期値を与えたあとは，時間経過にしたがって，要素が示す数値の段階的変化をひたすら計算していくことになる．内的条件による「内在的変容」を問う点に意義がある．

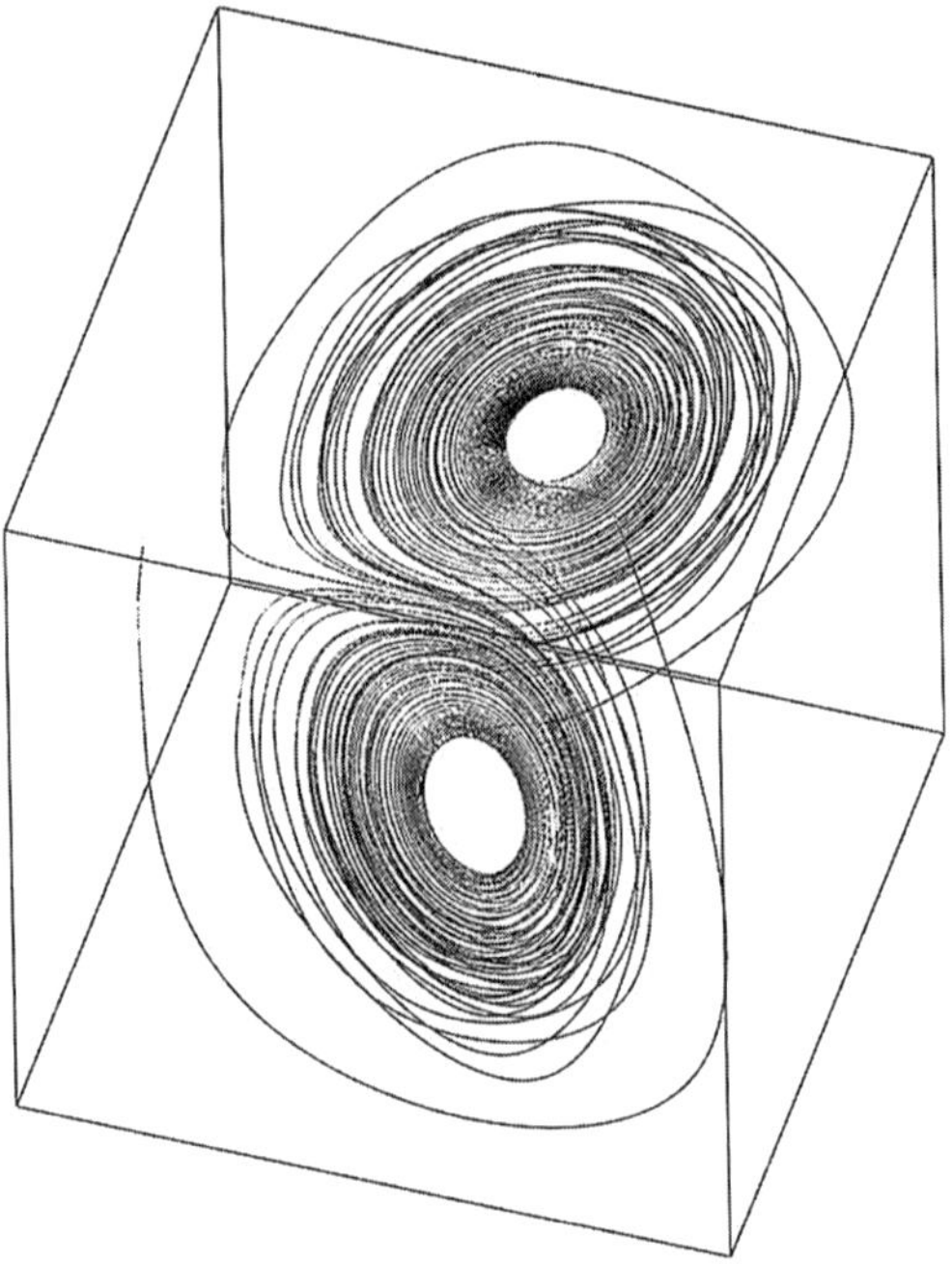

図2　ローレンツのバタフライ(図1を3次元透視図として表示)

〔図の読み方(訳注)〕 マサチューセッツ工科大学の気象学の教授だったエドワード・ローレンツ(1917-2008)は，気象予報の精度を高めるため，コンピュータ・シミュレーションによって気流変化の要因とそれらの相互作用を調べ，1963年には図1のようなデータを収集していた．その結果を基に3次元的な透視図を作成したところ，蝶のはばたきを想像させる画像を得たので，1972年12月に学会で報告した．

図の美的効果によってたちまち有名になったが，ローレンツとしては，気体の運動を決める要素の最初の値が僅かに違うだけで，要素と要素との非線形な(一様でない結果をもたらす)関係のため，時間経過にともなって，結果に非常に大きな差異が生ずること，そして，そのことが「カオス＝混沌＝無秩序＝複雑性」の本質であり，定義にもなることを，この画像によって示し，感得してもらうのが本意だった．

「初期値の僅かな差と結果の大きな違い」のほうは，それを基に，ブラジルで蝶がはばたき僅かに気流を乱すと，中国が台風に襲われるという，たとえ話に加工されて広まった．

本書にこの挿話が引用されるのは，マクロ経済の本質が「複雑性」であることを，より強く読者に訴えるためだ．

なおローレンツのシミュレーションの計算式は，1962年にバリー・ザルツマンが考えついた，気流の3つ(x, y, z)の性質の変化を表す，3つの式(3つの変数と3つの係数)から成り立つごく簡単なものだった．3つの性質は，前図の説明で定義されている．

なお図の垂直軸がz，水平軸で奥行きがx，間口がyをそれぞれ示す約束になっている．

気流の性質は，左側の渦のような変化のあと，突発的に右へ移動し，つまり，大幅に数値的に変化し，ついで右側の渦のような変化を示す．渦と言っても気流の形態ではない．あくまでも気流の性質の循環的な変化だ．

ということは，温度勾配によって生じた対流(渦)が，温度勾配次第で，持続や爆発的成長を起こすことを意味する．現在では竜巻の発生や，冬の日本海の海上での厚い雪雲の連続的発生(日本海沿岸の豪雪の原因)などは，これに類する現象として説明される．

こうした気象学(物理学)の成果を含む複雑性研究のための方法を，著者のキーンはミンスキーの金融不安定性に関する学説に応用することを試みたわけだ．

するには、複雑であり過ぎた。そこで彼は大幅に単純化した流体モデルをつくった。三つの方程式と三つのパラメータ(媒介定数)とだけから成り立っていた。だが、この極めて単純なモデルが極めて複雑なサイクル(循環、繰り返し)を展開した。そして気象の不安定性の本質を捉えていた。

ローレンツの非常に単純なモデルは、循環の持続を発生させた。というのは、パラメータが実数であれば、三つの方程式の値はすべて不安定だったからだ。動きは、擾乱を呈し、安定した線形モデルで生ずるように、安定へは戻らずに、システムがいつも安定からはるかに遠いことを示していた。ローレンツの洞察を活かすには、気象学者は、安定に達する線形モデルを放棄しなければならなかった。彼らはすすんでそうすることで、コンピュータ上でシミュレートできる非線形モデルを開発した。それによって、過去半世紀の間に、線形モデルによるよりも、はるかに正確な気象予報を可能にした。

経済学は、それと同じような能力を開発するのに失敗した。その原因の一部は、正当にもハイエク派の経済学者が主張するように、人間という行為者が前提とされる以上、気象にくらべて、経済がはるかに予測不可能だからだ。だが、主流派経済学者の誤ったモデル構築戦略への執着のためでもあった。それはミクロ経済学から外挿してマクロ経済学を導き出そうという戦略であり、経済とは、擾乱のあと必ず安定(均衡)へ戻る安定したシステムだと想定していた。

そうした誤ったモデル構築方針を捨てても、ブランシャールが恐れたように、「広く受け容れられる分析的なマクロ経済学の核心」からマクロ経済学モデルを開発できなくなるわけではない。新古典派のマクロ経済学者は，間違ったほうから――経済それ自体からではなく，個人のほうから――マクロ経済学を引き出そうとした。そうすることで，孤立した個人を総体のレベルへスケール・アップできるかのように装い，そのために生ずる総体という問題を曲解する方法を採択した。だが，それとは逆のほうから進めば，確実に健全で，そして容易だった。つまり，定義によって正しいとされる総体についての命題から出発する。より詳しいことが必要な点については総体化の逆をやる。要するに，マクロ経済学の諸定義そのもののなかに「核心」が存在するわけだ。

それらの定義を使って，マクロ経済学者が反論できない根本原理から，DSGEモデルでは不可能だった四つの事象を表出する，ひとつのモデルを開発できる。第一に，内生的な循環を生成する。第二に，ミンスキーが資本主義に固有と言った危機を起こす傾向を再生する。第三に，これまで五〇年間にわたる格差の増大を説明する。そして第四に，危機の前に，事実そうだったように，雇用とインフレにおける「大平穏」が訪れる。

マクロに基づくマクロ経済学の基本モデルをつくれる三つの中核的な定義は，つぎから得られる。第一は雇用率だ（職を持つ者の全人口にたいする比率で，経済活動のレベルと労働者たちの交渉力を示す）。第二は産出に占める賃金の割合だ（GDPに占める賃金の割合で，収入の分配を示す）。第三は，ミンスキーが主張したように，GDPに占める民間の負債の割合だ(2)。これらの定義は，ダイナミックな（他との関係で変化する）形にされると，単に「直観的に妥当な」宣言というだけでなく，つぎのような定義に基づいて，正しい宣言となる。

・雇用率（職を持つ者が人口に占める割合）は上昇する、もし経済の成長率（年当たり％）が、人口の成長と労働生産性の伸びの和を超せば。
・賃金のＧＤＰにたいして占める割合（％）は上昇する、もし賃金にたいする要求が労働生産性の伸びを超せば。
・負債のＧＤＰに占める割合は上昇する、もし民間の負債の伸びがＧＤＰの伸びよりも速ければ。

いずれも自明の理だ。これらを経済モデルにするには、システムのなかの鍵となる要素間の関係を宣言しなければならない。つまり、雇用と賃金、利潤と投資、そして負債と利潤と投資などの関係を決めねばならない。

ここで極めて重要になってくるのが、複雑システムの分析から得られる洞察なのだ。単純なモデルによって、複雑システムの振る舞いのほとんどが説明できる。というのは、その複雑性は、その構成要素が相互作用することから生ずるからだ。個々の要素自体の特定の行動のためではない(Goldenfeld and Kadanoff, 1999)。だから、可能なもっとも単純な関係でも、変化するシステム（ダイナミック・システム）の核心の性質を呈することができるのだ。それが経済そのものに他ならない。

この場合、可能なもっとも単純な関係はつぎの通りだ。

- 産出は，設置された資本財の乗数となる。
- 雇用は産出の乗数になる。
- 賃金の変化率は，雇用率の線形関数になる。
- 投資は，利潤率の線形関数になる。
- 利潤を超える投資には，金融による負債が当てられる。
- 人口も労働生産性も一定の割合で伸びる。

その結果として得られるモデルは，ごく普通のDSGEモデルよりもはるかに単純なのだ。それは僅か三つの変数，九つのパラメータ（媒介定数）しかなく，ランダムに変化する項が存在しない(3)。政府，破産救済，金融による家計へのポンジー的な貸出（たとえば投資されたマネーを配当として払うような自転車操業的な詐欺金融，ポンジーは発案した詐欺師の名前）など，現実世界の多くの仕組みが省略されている。事実，現実世界には，単純な設定を拡張しなければ捉えられない，多くの仕組みが存在する(4)。

だが，こうした単純なレベルでも，その振る舞いは，もっとも高度なDSGEモデルよりもはるかに**複雑**だ。それには，少なくとも三つの理由が存在する。第一に，このモデルでの変数の間の関係は，大多数のDSGEモデルとは異なって，単に加わっていくだけといった制約を受けない。だから，ひとつの変数の変化が，他の変数に複合的な変化を及ぼすことができる。それによって，線形のDSGEモデルでは捉えられないような、傾向の変化(地合いの変化)をもたらす。第二に、DSGEモデルの場合のように、想定によって非均衡的な振る舞いが除外されたりしない。つまり、起こり得る結果のすべての範囲について考慮される。均衡になじむか、均衡をめざすか、などによって限定されない。そして第三に、金融が含まれる。それに反してDSGEモデルでは、金融は無視される(せいぜい含まれるとしても、均衡への収束を遅らせる「摩擦」の原因として扱われるだけだ)。このモデルでは、単純で基本的な形で、金融が含まれるが、それは、利潤を超える投資は金融による負債(借金)による、という実際に確認された想定に基づく(Fama & French, 1999a, p. 1954)。[5]

このモデルは、投資家が投資したい程度に応じて、二つの可能な結果を生ずる。投資意欲が低レベルであれば、均衡(安定)をもたらす。高いレベルであれば、危機をまねく。

投資への性向が低ければ、システムは安定する。負債の比率はゼロから立ち上がり、一定の値に近づく。その間、雇用率と賃金の占める割合は、ゆっくりと均衡値へと収束する。この過程は**図3**(四四ページ)に示され、雇用率と負債率の動きをたどることができる。

投資への性向が高ければ、ミンスキーが予言し、我々が二〇〇八年に経験したような、負債による危機を迎える。だが、ミンスキーは予言しなかったけれども、現実に起こったことが、このモデルでも生ずる。つまり、危機の前には、経済的に表面は静かな期間が続く。それは表面的には、良い結果(好況)のときの均衡への移行と同じように見える。**図4**(四六ページ)に示されるように、危機が始まる前に、雇用率の変動性が低くなる期間が存在する。雇用(と賃金の割合)の循環が減り、

図3に示される良いときの均衡への収束よりも進行が速くなる。

だが、その後、循環は再び高まる。表面の穏やかさは変動性の増大へと変わり、究極的にはモデルは完全に崩壊する。雇用率と産出に占める賃金の割合もゼロになり、そしてGDPに占める負債の割合は無限大になる。

このモデルは、議論の余地がないマクロ経済の定義から導かれたものだ。しかし、「大平穏」は、主流派経済学者(Blanchard et al. 2010, p. 31)が解釈するような良好な経済運営の標識からはるかに遠いもので、現実には危機の接近の警告だった。

良い結果と悪い結果(不況・危機)の間の差は、ミンスキーが資本主義を理解する鍵となると主張した要素で、主流派のDSGEモデルには欠けているものだ。すなわち民間負債だ。良い結果の場合、それは低いレベルで安定する。だが、悪い結果の場合は、高いレベルに達し、安定しない。

またモデルはもうひとつ別の予測をもたらす。それは経験的にも与えられるが、拡大する格差を導く。このような単純なモデルでは、労働者は借入れしないが、民間負債が増大すると、労働者の取り分がGDPに占める割合は低下する。負債の率が安定すれば、収入が占める割合が正の均衡値に達して、格差のほうも安定する。だが、高い投資性向によって、負債の割合が高まれば、格差も拡大を続ける。だから、格差の拡大は、単にこのモデルで「悪い事」であるだけでなく、危機の前兆なのだ。

モデル開発のつぎの段階で、価格と変化可能な名目利率を導入すると、格差の増大の動きは、よ

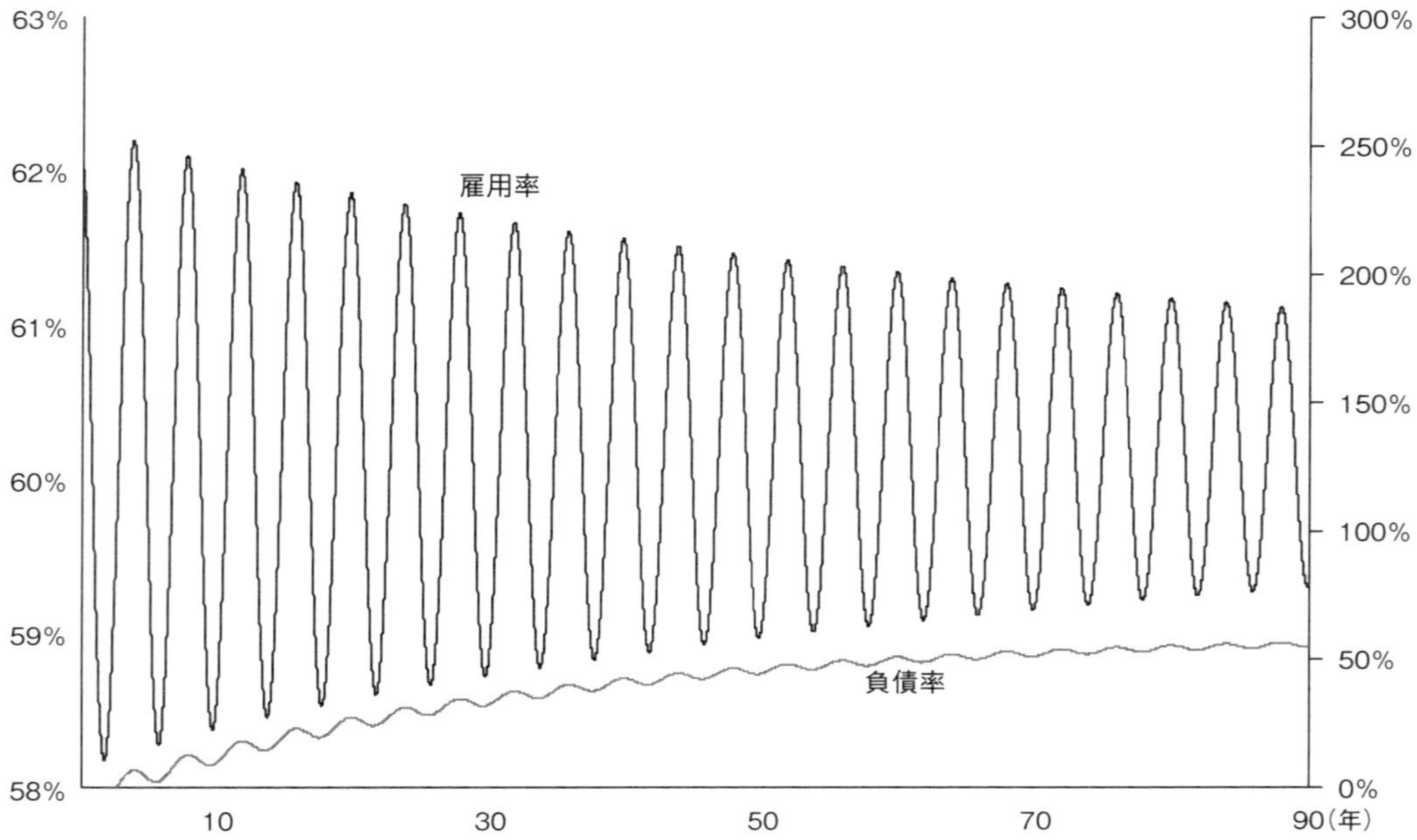

図 3　雇用と民間負債（投資意欲が穏健な場合）

〔図の読み方(訳注)〕 太い線が雇用率(全人口にたいする就業者の比，数値は左の縦軸)，細い線が民間負債の対GDP比(数値は右の縦軸)，時間的変化は横軸の数値(年)によって示す．

雇用率は大きく，民間負債は小さく，どちらも波打っている．この上下の変化は，好況と不況の繰り返し(景気のサイクル)のためだ．

だが，投資意欲が低い場，つまり，過大な貸付により民間負債をふくらまし投機に狂奔するようなことがない場合は，景気による変動を重ねつつも，雇用率も民間負債率も一定の値に向かって収斂する(この図では60%と50%へ)．

ということは，金融危機(カオス)が起こらないことを意味する．起こらない理由は，投資意欲が過激でないからだ．それが経済活動のシミュレーションで推論できたことになる．

なお推論過程(数理)にたいする関心に応えるため，本文では，数式そのものに立ち入ることなく，具体的に説明される．40と41ページの黒丸つきの項目がそれに他ならない．基になっている考え方はいたって単純明快だ．

経済は生産，消費，金融などの部門から成り立ち，それらがマネーのやりとり(貸付・負債・返済＝マネーの創出と消去)によって結合される．そうした捨象された状態を経済と見立て，そのダイナミックス(動態)を，小型モデルの場合，3変数と9パラメータによって表される方程式によってシミュレートする．

3変数は，雇用率，産出に占める賃金の割合，民間負債の対GDP比率で，そして9パラメータは，人口の伸び率，労働生産性の伸び率，設備の償却率，資本—産出比，金利，投資に関する2つのパラメータ，賃金に関する2つのパラメータだ．

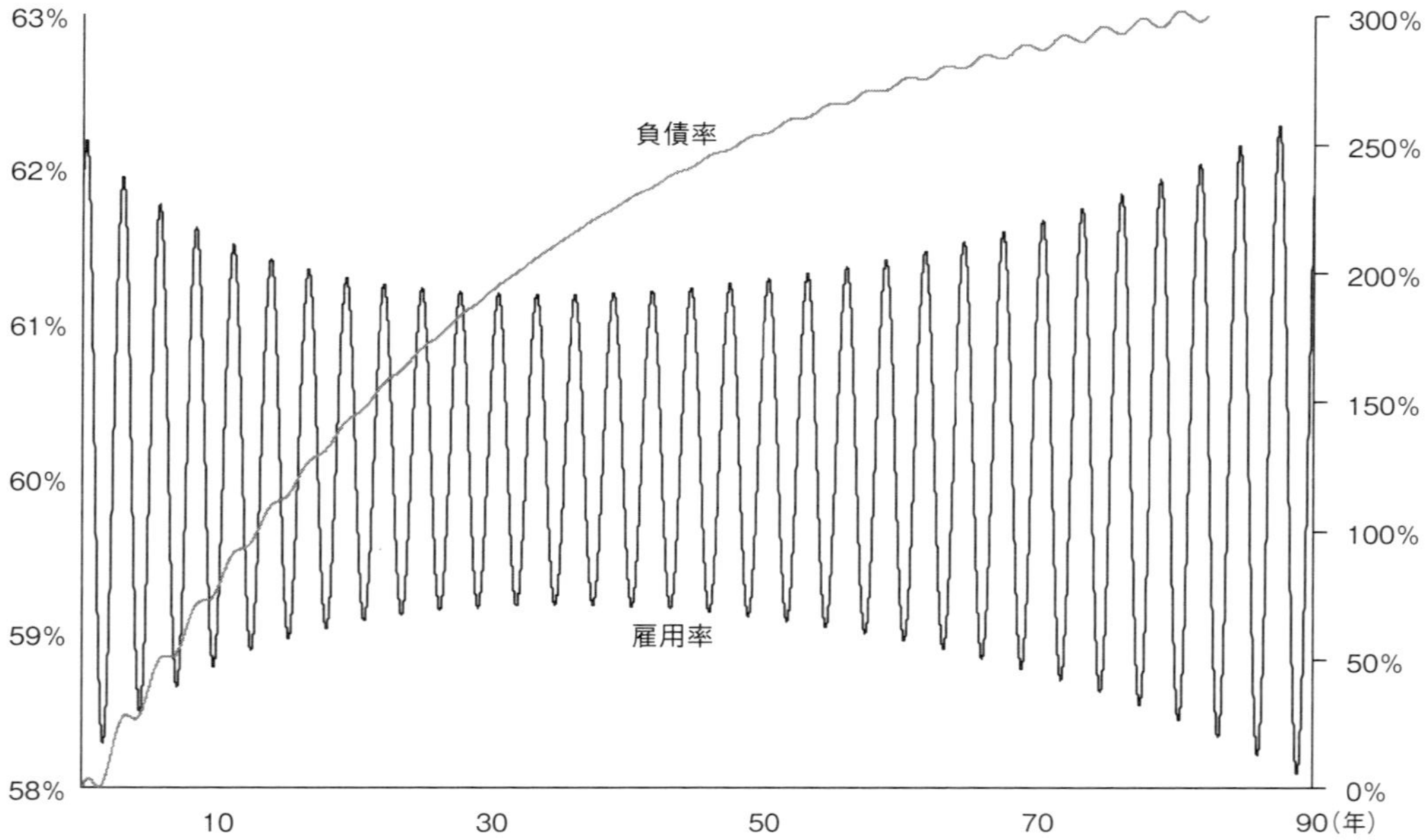

図 4　雇用と民間負債(投資意欲が過大な場合)

〔**図の読み方(訳注)**〕　前の図3と2点で大きく異なる．第1に民間負債(細い線)が指数的に増大し，無限大へと発散する．第2に雇用率が景気変動によって，より激しく増減し，ついにはゼロに近づく．これは何を意味するか．経済の破綻だ．現実には，はるか手前で金融危機に見舞われる．

この図4と前の図3で示される差異は，どうして生ずるのか．ひとつの変数に別の変数が掛け算されるという具合に絡みあっているので，僅かな内的条件の差異のために全体の状態が突如大きく変動するからだ．一様に増減するのではないのだ．変化が連続的ではなく，非連続的なためだ．

なぜとくに民間負債の膨張が問題視されるのか．貸付によって投資が進み，経済活動が拡大され過ぎると，貸付(＝負債)を返済しきれなくなり，負債がますます肥大する悪循環にはまるからだ．社会にとって，貸付(＝負債)がプラスからマイナスに変わる．経済成長の原資が長期の停滞(デフレ)の原因へと変質する．質の変化(地合いの変化，潮目の変化)が際どくて，きっかけがつかめず，たいがい予測不能だ．気づいたときは恐慌だ．

もっと言ってしまえば，個々には先が予想可能と思ってしまい勝ちな事柄でも，それらの関係し合い方次第によっては，とんでもない結果(カオス)が突然起こる．そうした経済観(ミンスキーが指摘する「安定に不安定」)に立脚しない限りは，経済に翻弄されっぱなしから免れない．

り明瞭になってくる。多くの循環を通じて負債が増加すると、銀行家の取り分が増加し、それに見合って労働者の取り分が減る。そのため資本家の取り分は変動するが、長期にわたって比較的一定している。ところが、賃金とインフレが低く抑えられると、複利でふくれあがった負債が究極的には低下する賃金を圧倒する。その結果、利潤が占める割合は無くなる。そうした危機が起こる前は、負債返済のため銀行家のほうへ行く分が増加し、それに見合って労働者の取り分が低下し、その結果、利潤の割合は実際上一定になり、世界はまったく静かに見える。まさにこれこそシステム破綻の直前の状態なのだ。

一九九二年私は、「大平穏」が出現するはるか前だったが、このモデルのひとつのバージョンをつくった。私は、モデルが危機を発生させると期待した。というのは、私がミンスキーの金融不安定性仮説をモデル化しようとしていたからだ。だが、危機の前の平穏があまりにも強く現れ、まったく予期しない現象だったために、その点を焦点にして、論文にまとめた。そして、つぎのような、格好がよいと思った言葉を付け加えた。

「経済理論と政策の観点からすれば、こうした金融を含む資本主義経済のビジョンは、我々にたいし精神の習慣を超えて進むことを求める。精神の習慣とは、ケインズがみごとに述べていたが、未来への導きとして、(安定した)直近の過去に過度に依存することだ。**この論文で追究したカオスの動き(ダイナミックス)は、資本主義経済における比較的平穏な期間を、嵐の前の凪以外**

のものとして受け取ることについて、警告している」(Keen, 1995b, p. 634. 強調は筆者)

確かに私のモデルは、雇用とインフレの循環の低下、そして格差の拡大といった現象が、危機の先駆けとなることを予言していた。[6] だが、私の「格好のよい言葉」そのものが、現実の経済の数値(データ)だとは予期しなかった。そんなことが起こるにしては、私の民間部門のみから成り立つ単純なモデルと、込み入った(複雑な)現実の世界との間には、あまりにも多くの差異が存在すると、私は思ってしまった。

しかしまさにそれが生じていたのだった(モデルでシミュレートされていたのだった)。

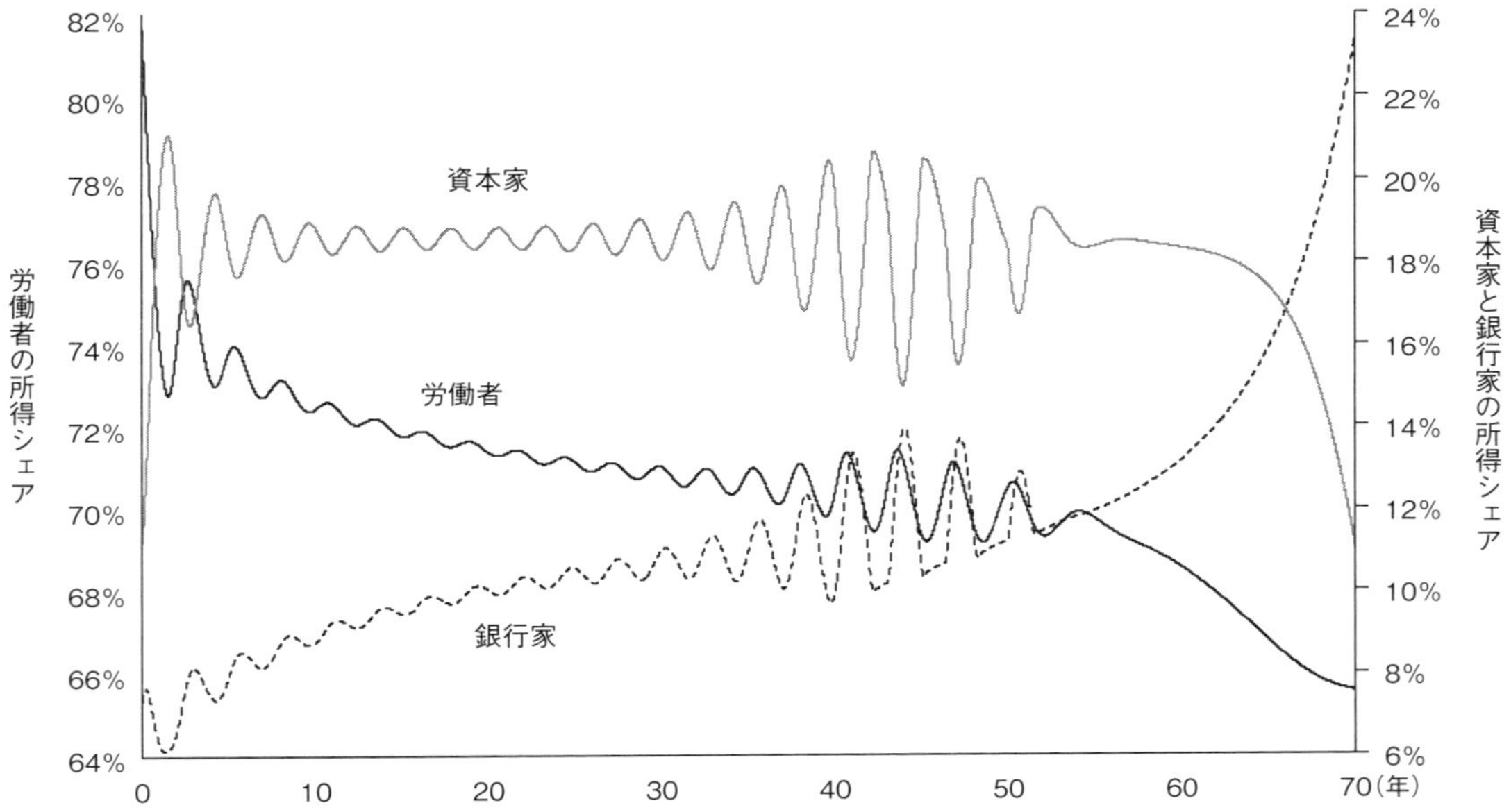

図 5　民間負債の上昇による所得格差の拡大(投資過大で民間負債累積の場合)

〔図の読み方(訳注)〕 前図4に示されたシミュレーションによって，金融危機の最大の元凶は民間負債の膨張，さらにその原因の過大な投資だということが，数理的に明快に推論できる．

では，その前に途中で何が起こっているのだろうか．より詳しく，所得の分配まで見ることにしよう．それを明らかにするのが，図5に他ならない．

まず目を引くのは図の中央で，ほぼシンクロして，変動幅の大きさで見ると資本家，銀行家，労働者の順に，所得の増減が起こっている．それが過渡期となり，経済の基調が，前期・中期・後期とかなり判然と変化する．つまり，3つの相が認められる．

前期では所得が，資本家は横ばいだが，銀行家はゆるやかに上昇し，それに反し労働者は一貫して低下してゆく．

後期では所得が，労働者はより急速に，かつより大幅に低下し，他方資本家は持ちこたえるが，最後にはもっとも劇的な低下に見舞われる．それに反し銀行家のみが急上昇する．

そうした変動からして，前期から中期にかけての「大平穏」が，また中期以降の著しい「所得格差」の広がりが，そして銀行家への「富の集中」が，シミュレートされているのは明らかだ．

全容を通覧すると，平穏が長く続くと楽観しているうちに，所得格差が広がり，いわゆる1%への富の集中，ついに金融破綻へと，2008年の世界金融危機でもたどったパターン(典型)が，キーンのシミュレーションによって，否定できない学説として示されたのだ．この点がキーンの最大の成果と評価されるべきだろう．

3 凪そして大きな嵐

私がモデルを開発した頃、世界経済は、まだ不況に足を取られていた。その年の後半にホワイトハウスの鍵が、父ブッシュからビル・クリントンに渡された。選挙の裏スローガンは、「経済だよ、馬鹿か」だった。失業率は七・八％に達していた。戦後の平均の五・六％にくらべるとかなり高まっていた。だが、一〇・八%を記録した一九八三年程にはひどくなかった。一九九二年八月以降、アメリカ経済がまずIT、つぎにドット・コムと、一九九〇年代のバブルを起こした。インフレは、一九七〇年代末の高いレベルから鋭く低下していたが、新しいブームが起こると、再びインフレが始まるのではないかと恐れられた。

だが、そうはならなかった。失業が減ると、インフレは低下の傾向をたどった。一九九〇年代の不況下の三%から、一九九〇年代末には一・五%へと下がった。

ドット・コム・バブルは、二〇〇〇年にナスダック指数の崩壊によって終わったが、そのあとの不況は穏やかだった。二〇〇三年の半ばで、失業率は六・三%、インフレ率は一%あまりだった。低下がどん底を打つ前から、主流の新古典派の経済学者たちは、彼らの観点からすれば明らかに前向きの傾向を見出した。それがいわゆる「大平穏(グレート・モデレーション)」だった(Stock & Watson, 2002)。

主流派経済学はお祝い気分にひたっていたが、それとは対照的に、非主流派経済学者たちから警告が発せられた。とくにイギリスの経済学者のウイン・ゴッドリーが警告した(Godley & McCarthy, 1998; Godley & Wray, 2000; Godley, 2001; Godley & Izurieta, 2002, 2004; Godley et al., 2005)。ゴッドリーが厄介事がもちあがりそうなのを見出した大きな理由は、部門間のマネーの流れを使って経済を分析する方法を開発したからだった。つまり、当たり前のことを——ある部門でのマネーの過剰は、他の部門での同額の不足と釣り合わねばならないことを——応用して、アメリカ政府の財政のプラスが、民間部門の負債の維持不可能な上昇をもたらすことを主張するためだった。

「金髪は不運か」(Godley & Wray, 2000)という挑発的なタイトルの論文で、ゴッドリーとレイは、ある時点で、民間部門は借入れをやめねばならず、やめたときには長く続いたブームがきびしい不況で終わるだろうと主張した。不幸なことに、これと他の同じく挑発的な論文は、政治家や彼らに助言する主流派経済学者たちから無視された。それにはいくつかの理由が存在した。そのなかでもっとも重要な理由は、ゴッドリーが、主流派が求める想定を設定しなかったことだ。彼の論文は部門間のマネーと負債の流れを論じていたが、合理的行為者の最適化行為を扱っていなかった。また彼の分析は、マネーのストックとフローに限られていた。それにたいして主流派は、はるか前に、マクロ経済は、マネーも銀行も負債も存在しないかのように、モデル化が可能だし、**またそうあるべきだ**と信じていた。エッガートソンとクルーグマンが危機のあとで認めたが、多くの主流派の経済モデルは民間の負債を完全に無視していた。

「今の経済の難しさを人々が議論する際に負債が注目され、経済の大幅な収縮では負債が鍵になる要素として援用されるのは長い伝統だから、負債はほとんどの主流派のマクロ経済モデルで中心を占めると期待するかもしれない。とくに通貨政策や金融政策ではそうだろうと思うかもしれない。**だが、おそらく驚くように、経済のこの特徴は完全に抽象されるのが極めて普通だ**」

(Eggertsson & Krugman, 2012, pp. 1470–1. 強調は筆者)

重大なことに、主流派は、負債の総体におけるレベル、つまり、その増大の率の変化が、なぜマクロ経済で意味を持つかを理解できない。貸付のモデルを持っていても、彼らは貸付を支出する力の一方から他方への移転として記述した。追加的な支出力が創出される手段としては、また負債が支払われたときに消滅する手段としては、記述されなかった。主流派にとっては、民間の負債のレベルや変化の率は、借り手と貸し手の行動や環境が極端に異なった場合に限って、問題にされただけだ。これが理由で、ベン・バーナンキは、負債によるデフレの過程が大恐慌を起こしたとするアービング・フィッシャーの主張を、つぎのように拒否した。

「負債によるデフレという考えは、アービング・フィッシャー(Fisher, 1933)にさかのぼる。フィッシャーは、変化する(ダイナミックな)過程を思い描いた。そこでは、低下する資産と商品の価格が名目的負債者に圧力を加え、資産を投げ売りさせ、それがさらに価格を低下させ、金融的困難をもたらす。そのような診断から彼は、ルーズベルト大統領にたいし、リフレの必要のため通貨レートを二の次にするように強く要請し、それに(究極的には)大統領は従った。だが、フィッシャーの考えは学界では影響力が少なかった。**というのは、負債―デフレはあるグループ(借り手)から他のグループ(貸し手)への再配分以上のものではないとする反論のためだった。グループ間での限界消費性向に信じがたい程の大きな差異がないため、単なる再配分は意味のあるようなマクロ経済的効果を持たない**」(Bernanke, 2000, p. 24. 強調は筆者)

危機の後になっても、主流派経済学者は、負債の総体におけるレベルと変化率が問題だとする議論を拒否した。二〇一三年にクルーグマンは、リチャード・クーの主張、日本経済がバランス・シートに制約されているという指摘を拒否した。負債によって消費を制約されている負債者それぞれにたいして、消費を高められる貸し手が対応する、というのがクルーグマンの論拠だった。

「問題の一部はクーの見方のためだ。多くの人々がバランス・シートに制約される経済ではなく、彼はすべての人々がバランス・シートに制約される経済を思い描く。彼の見方は筋が通らないと、私は言いたい。というのは、借り手がいれば、貸し手がいなければならないからだ。というわけで、バランス・シート不況のもとでも、より安い利子に反応する、少なくとも何人かがいるに違いない」(Krugman, 2013)

しかしそれに反して、結果を振り返ると、民間の負債やマネーのストックやフローは関係しないとする主流派の思い込みを否定する、クーのような分析家のみが、起こる前に危機を警告した(1)(Bezemer, 2009, 2010, 2011b)。

初めて私は差し迫る危機を二〇〇五年一二月に警告した。だがそれは、人を食い物にする貸出しをめぐるオーストラリアでの裁判に関与した副産物だった。証言文書を準備するなかで、私は何気なく「近年、ＧＤＰに占める民間負債の割合が指数的に増大している」と書いて、証言にのぞむ専門家として、単なる誇張にたよるわけにはいかないと気づいた。データをチェックする必要があり、「指数的」をよりドラマティックでない表現に変えねばならないだろうと思った。

そこで私はオーストラリアのＧＤＰに占める民間負債の率をたどってみて、愕然とした。傾向を指数的と記述するのは誇張ではなかった。一九七六年以降のオーストラリアのＧＤＰに占める民間負債の割合と、単純指数関数との相関は、〇・九八で、驚くべき高さだった。確かにこの傾向が続くのは不可能で、それが終わるときはきびしい不況だと、私は思った。

だが、これはオーストラリアだけの現象か、それとも地球的なのか。民間負債のデータは収集が難しい。多くの国がそれを記録していない。二〇一四年にBISによって設置されたようなデータベースが当時はなかった。そのため世界的調査の次善の策は、世界最大の国、アメリカの状態を調べることだった。幸いにしてアメリカでは、民間負債のデータが一九五二年から組織的に収集されていた(Copeland, 1951)。

その傾向はそれほど明瞭に指数的ではなかったが、相関係数が〇・九七で、単純指数関数と合致していた(図6)。

その結果私は、地球的な危機が近づいているのを確信した。そして私は、主流派経済学者たちが驚愕するのを知っていた。というのは、彼らの経済モデルでは、民間負債にも、また均衡を破る変動(ダイナミックス)にたいしても注意が払われていなかったからだ。政治家は経済運営の手引きを主流派経済学者に依存していたから、世界経済が訳の分からないままに戦後最大の危機に入っていくのは明白だった。

私の作業仮説は、経済での支出の総体はほぼGDPに貸付を加えたもので、その和は収入(商品とサービスの購入による)と資本収益(不動産と株を主とする資産の買入れによる)をもたらすというものだった。貸付(民間負債の伸びに等しい)はGDPよりもはるかに変動的だから、そしてまたマイナスになり、したがって需要から差し引かれることもはるかに起こりやすいので、民間負債の

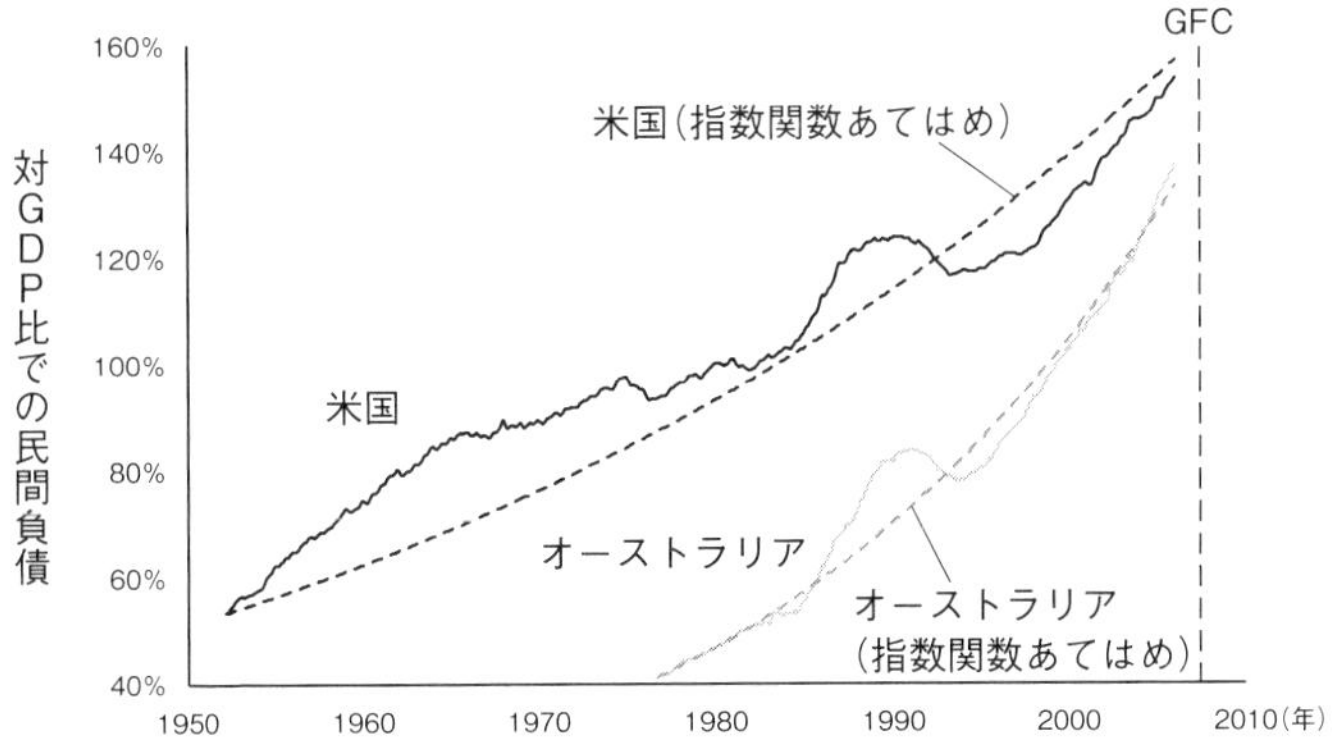

図6　2006年までの対GDP比での民間負債の指数関数的増加

伸び率が低下したときに、危機は始まることになる筈だった。

「そこで、カッサンドラ（トロイの破滅を信じてもらえなかった女予言者）的な態度を、いかに私が正当化するか、が問われる。というのは、物事は普通のままでは続かないからだ。負債の持続不可能な傾向が含まれる場合、続かないのだ。どこかの時点で破綻する。ただし、破綻がいつ生ずるかの時期を予言するのは不可能に近い。とくに借入れが個人の決定に依存する場合はそうだ。……どこかの時点で、GDPに占める負債の割合が安定しなければならない……。だが、過去の傾向では、単に安定することでは終わらなかった。そうした持続不可能性が不可避的に逆転するとき、我々は不況に見舞われる」（Keen, 2007）

私のミンスキー的な分析（シミュレーション）が、危機は、民間負債の伸びが低下し始め、回復しなくなったとき、起こるだろうと示した、まさにそのときアメリカの危機が始まっ

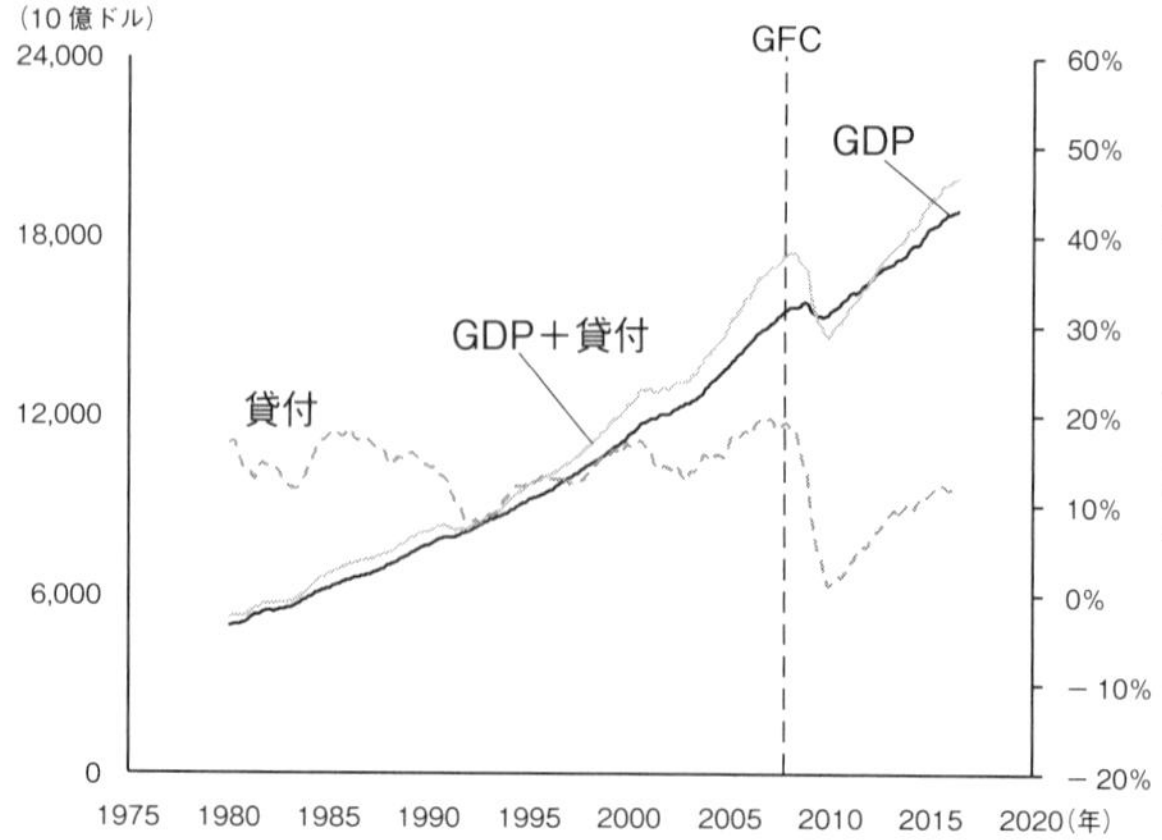

図7　米国のGDPと貸付

た。つぎの第4章「危機の引き金は過大な投機」で説明するが、経済——商品とサービスと資産——における総需要は、存在するマネーと貸付の取引結果の総額（民間負債のレベルにおける変化に等しい）だ。貸付がＧＤＰに占める率は、一九四五年から一九七〇年にかけて平均が六％弱だった。それにたいし二〇〇六年から二〇〇八年にかけては一四％と高くなった。そのため戦後のアメリカでは民間負債が巨大になった。ＧＤＰに占める民間負債の割合は、一九四五年の三七％から、二〇〇八年の一六五％になった。負債の伸び率の引き下げが絶対に必要だった。それだけでも、経済における総需要を低下させるのに充分だった。

二〇〇八年に低下は始まった。貸付はＧＤＰの一五％を頂点として低下し、どん底ではマイナス五％まで減った（**図7**）。貸付は戦後を通じてプラスで、需要をふくらましてきたが、今やマイナスで、需要を減らしている。これは大恐慌以降に生じなかったことだ。ＧＤＰに貸付

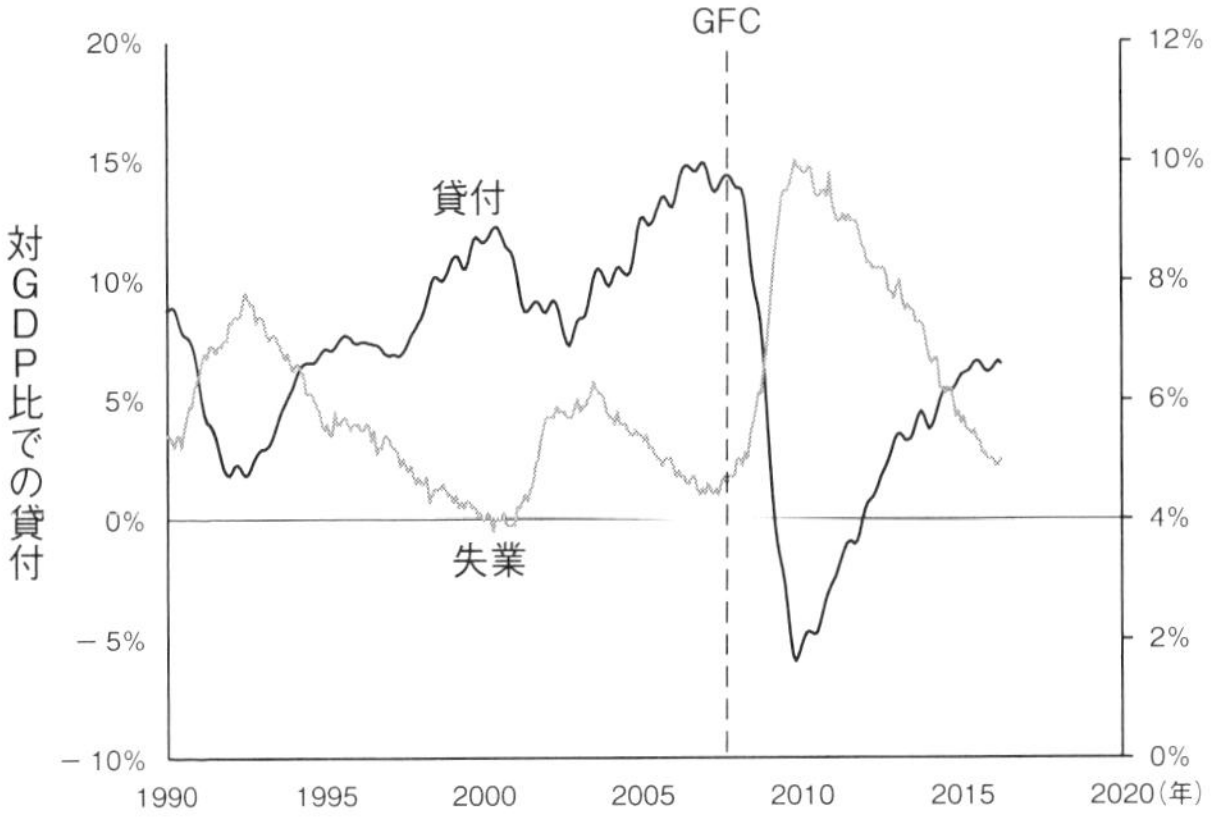

図 8　米国で負債の変化は失業を促す（相関係数 0.928）

を加えた額を経済における総需要のおよその目安とすれば、総需要は、二〇〇八年の一六兆ドルを頂点にして、二〇一〇年には一三・五兆ドルに減った。

貸付に依存する経済成長の破綻が、爆発的な失業と資産価格の崩壊を起こしたのだ。負債の変化は「単なる再配分」で、「有意のマクロ経済的影響はない」(Bernanke, 2000, p. 24)とする主流派の思い込みに反して、負債における変化は失業のレベルを左右する極めて大きな要素だった。そうした失業は、民間負債の伸び率が低下すると、劇的に増大した(**図8**)。

アメリカの危機では、もちろん住宅価格のバブルの破裂が先行した。二〇〇五年六月に、米連銀理事長のアラン・グリーンスパンが議会で、全国的なバブルは認められず、「いくつかの地域で小さな泡のような兆候」が存在するだけだと証言した(Greenspan, 2005)。だが、全米にわたって通常の調査をすれば、これまで経験したことのない最大のバブルの上にアメリカが乗っているのは明ら

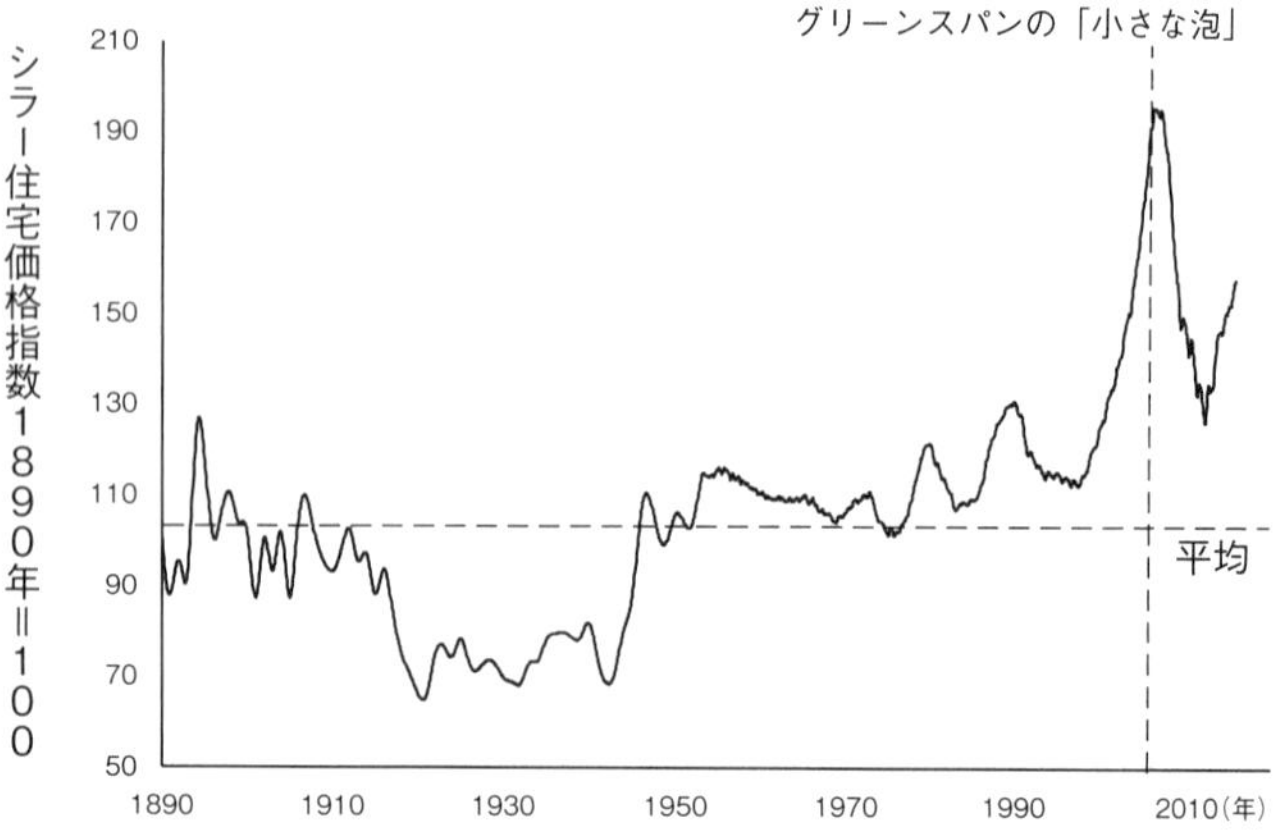

図9　1890年以降の米国の実質住宅価格指数

かだった（図9）。グリーンスパンは、馬鹿げた言い分が市場の絶頂と一致するのを知る由もなかった。だが、まさにそのことが、彼の墓碑銘になるべきだった。彼は詐欺の巨匠で、決して洞察の巨匠ではなかった。

グリーンスパンや主流派が無視したもうひとつの要素によって、バブルはふくらんだ。それは二〇〇〇年代の初めの五年間における不動産抵当負債の劇的な増加だった。不動産抵当負債がGDPに占める割合は、二〇〇〇年は四五％だったが、グリーンスパンが「小さな泡」を見たときには六五％となり、ついに七五％に達し、そして急激にしぼんだ。

それに加えて、負債の変化はもうひとつの針を持っていた。というのは、住宅価格の変化が、負債のレベルや伸び率によって進行するのではなく、住宅価格の高騰によって加速されたからだ。その論理は単純だった。住宅の物理的供給は、既存の住宅と、市場への新住宅の正味の供給量との和に他ならない。住宅産業のマネーの需要

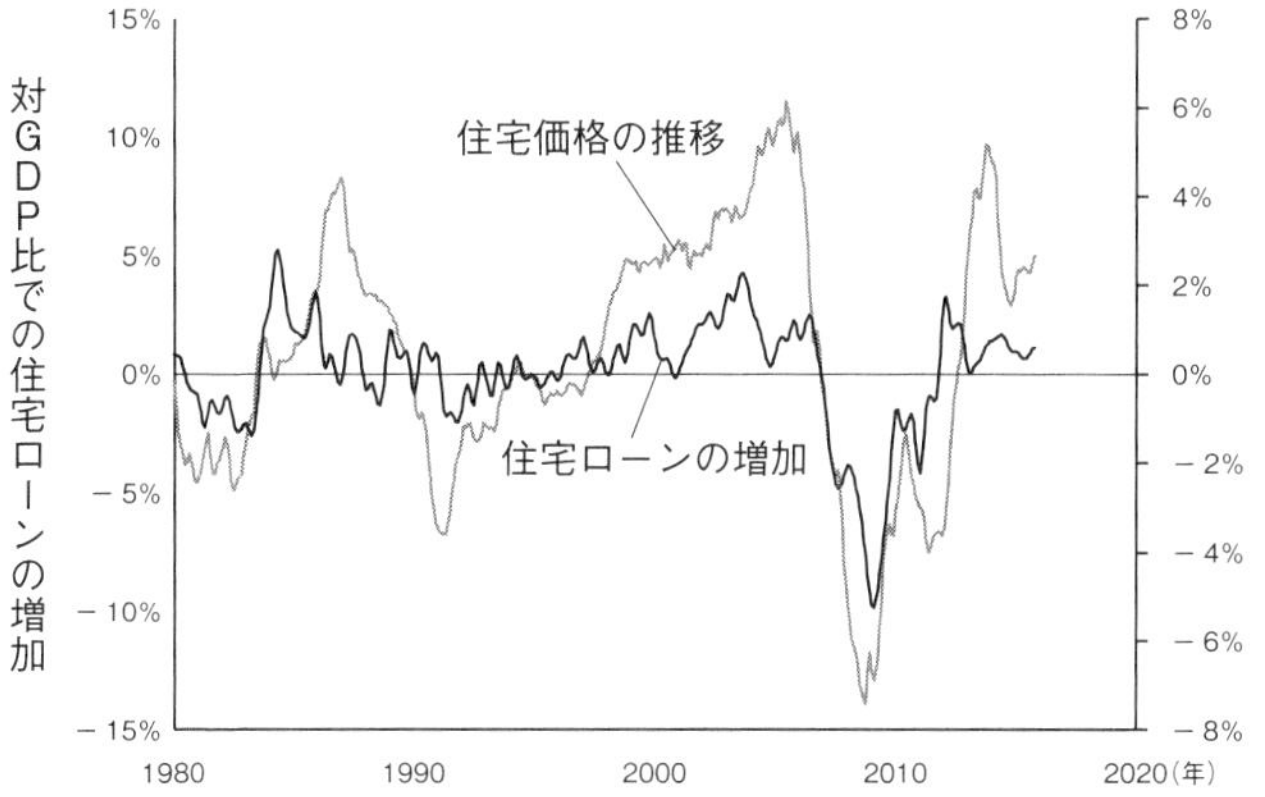

図 10　住宅ローンの増加と住宅価格の推移

は、基本的には新しい不動産抵当のフローだ。すなわちそれは、不動産抵当負債のレベルの変化に等しい。それを現在の価格レベルで割ると、現在の価格レベルで何軒の住宅が買えるかが分かる。これが、不動産抵当負債における変化と住宅価格のレベルの間の関係を生み出す。だから、不動産抵当負債の加速と住宅価格の変化の間には関係が存在する。それは複雑な、非線形の、ポジティブ・フィードバック・プロセスだが、加速する不動産抵当負債が操縦席に陣取っているのだ。大きな犠牲を払って多くのアメリカ人たちが見出したのは、不動産抵当負債が減速すると、住宅価格を低下させ、不動産抵当負債が頂点に達する前に、その減速が始まることだった[2]。この減速がアメリカの住宅価格バブルから勢いを奪った。それは二〇〇五年に始まっていた。グリーンスパンが、バブルはないと議会に保証していたまさにそのときに起こっていたわけだ（**図10**）。

このようにアメリカ経済は、ミンスキーの筋書きのすべてをたどった。だが、私の母国のオーストラリアでは、民間負債についてのデータは似ていたが、危機は起こらなかった。OECD加盟国のなかで、世界金融危機(GFC、グローバル・ファイナンシャル・クライシス、二〇〇八年秋に起こった、日本でいう「リーマン・ショック」)に際して、不況を避けた二つの国のうちのひとつになった(もうひとつは韓国)。ということは、ミンスキーの説が、赤道以南や西太平洋では当てはまらないことを示すのだろうか。

これはオーストラリア独特の機知のためだった。オーストラリアの中央銀行(RBA)は、二〇〇八年の危機を「北大西洋経済危機(ノース・アトランティック・エコノミック・クライシス)」と呼んで、「オーストラリアでは起こらなかった」ことを強調した(Stevens, 2011)。しかし実は、オーストラリアは危機を避けたのではなかった。単に遅らせ、それどころか二度も住宅バブルを引き起こした。

オーストラリアは、直ちに思慮深い政策によって対処した。当時の財務相のケン・ヘンリーの助言、「きびしく、速く、家計のために」(Grattan, 2010)に従った。数回の介入——政府支出を増やし、破産する企業に救済資金を与えた。その財源は財政赤字によって保証した。納税者には直接に現金を支給して、消費をふくらませた(「ヘリコプター・マネー(ばらまき)」の最初の例)。それは、ミンスキーが勧告したものだった。

だが、オーストラリアが危機を遅らせることができた政策の鍵は、すでにふくれあがっていた住宅市場へ消費者を呼び戻すことだった。そのため、初めての住宅取得者にたいする政府援助を大幅に増やした。「ファースト・ホーム・オウナーズ・グラント（ＦＨＯＧ）」と呼ばれたが、この計画は、最初の住宅取得者に七〇〇〇オーストラリア・ドルの補助金を給付した。当時のオーストラリア主要都市での住宅の平均価格は四五万ドルだった（Pink, 2009, p. 11）。

この政策では、「最初の住宅取得者にたいする応援」が謳われたが——私は「住宅販売業者第一」と皮肉ってやったが——政府は中古住宅の購入には二倍の一万四〇〇〇ドルを、新住宅の購入には三倍の二万一〇〇〇ドルを補助するように、さらに政策を強化した。その上さらに州政府が補助金を上乗せした。際立った例はヴィクトリア州で、州都以外での新住宅の購入には一万四〇〇〇ドルを与えた。

銀行は住宅購入者には、五％を預金する条件で貸し付けた。この補助制度は、最初の住宅取得者は、不動産抵当負債を負う資格を得るのに、自分の預金はまったく必要なしを意味した。最初の住宅取得者が市場に群がり、それによって不動産負債の減少傾向をくい止め、ぐらついていたオーストラリアの住宅バブルを再起動させた。この対策がまだ発足していなかった二〇〇八年に住宅価格は低下したが、二〇一〇年半ばに対策が終わるまで、住宅価格は上昇を続けた。

ついで、オーストラリアはもうひとつ別のバブルの恩恵を受けた。それは中国からの需要の信じられないほどの増大だった。それは工業化の継続と、そして世界金融危機（ＧＦＣ）への中国政府の対策だった貸付バブルとによって推進された。つまり、オーストラリアの家計部門が引くのにつれて、企業部門が借入れに狂奔し、鉱山、港湾、鉄道への投資の資金を獲得した。それらは、オーストラリアの石炭や鉄鉱石にたいする、当時は飽きることを知らないと思われた、中国の需要を満たすのに必要だった。こうした民間部門における二つの重なった傾向のお蔭で、GFCに見舞われるなかで、オーストラリアでも民間負債の伸び率が低下したが、アメリカのようにマイナスにはならなかった。それによって民間部門がオーストラリア経済を刺激し続け、二〇一〇年以降も住宅バブルと鉱山ブームが加速するのにともなって、刺激は加速された。

二重のブームの力が高まって、注目すべきことが起こった。オーストラリア中央銀行(RBA)にはさぞかし驚きだっただろうが、インフレが生じなかった。世界中の中央銀行のなかで、二〇〇八年危機が進行中であるのを最後に知ったのはRBAだった。二〇〇八年三月まで預金の金利を上げ続けた。存在しないインフレと戦った。二〇〇八年八月まで金利の引き下げを始めなかった。それはGFCが始まって丸一年後だった。世界でもっとも時代遅れの中央銀行という地位を固め、GFC以後初めて金利引き上げを開始した。それは、インフレが経済の安定性の第一の敵だという間違った思い込みのためだった。

それにたいし事実のほうが異論を唱えた。二〇一一年の末にRBAはしぶしぶ再び軌道修正した、その動機の一部は、低利が住宅市場を再び盛り上げるのを期待したからだ。というのは、中国への輸出の恩恵は期待したほど長続きしなかったためだ。

オーストラリアの家計部門は、債券の利率の低下と変動する株式市場に直面して、RBAにそれなりに従った。その結果、二〇一二年初めにはまた住宅市場に押し寄せた。ただし、最初の住宅取

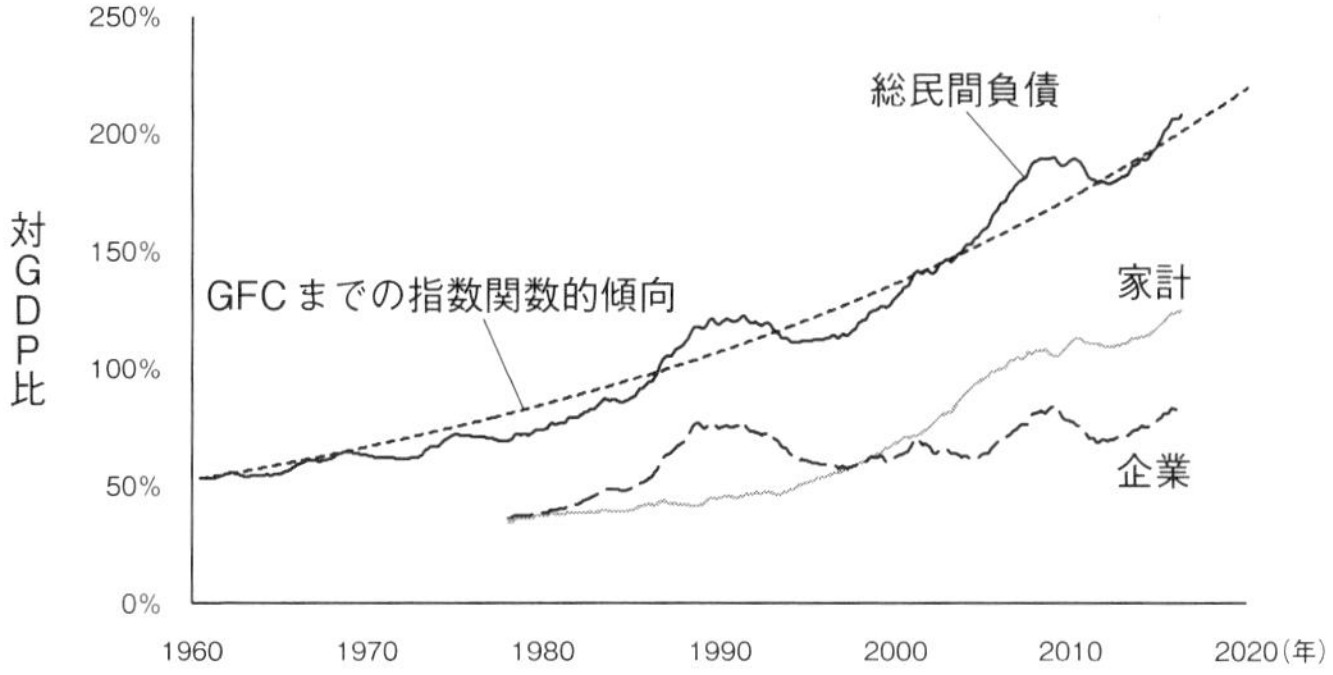

図11　オーストラリアの民間負債の対GDP比は指数関数的に伸び続けている

得者ではなくて、「投資家」としてだった。「住宅販売業者第一」が終わってからGDPに占める割合が低下していた、不動産抵当負債が再び上昇を始め、そして二〇一二年の半ばにもまた上昇を始めた。二〇一六年の時点で、オーストラリアのインフレ調整済みの住宅価格のレベルは、一九八六年の二・八倍だった。それにたいしアメリカの実価格の最高値は、一九八六年の二倍弱だった(アメリカの値はサブプライム・ローンの破綻のあとは、一九八六年の一・二倍に低下した)。

増大する家計部門の負債が企業の負債の上に加わって、オーストラリアは、民間負債がGDPに占める割合で、指数的伸びの軌道に戻った。だが、突然GFCによって中断された(図11)。

アメリカとオーストラリアが対照的だったことは明瞭だ。GFCは、アメリカの民間負債のGDPにたいする割合が、指数的に伸びる傾向を中断した。そして再び民間負債が上昇したが、危機の前のような率ではなかった。そうなるべきでもなかった。アメリカは、持続的成長に戻るのにほぼ充分なまで負債を減らさなかった。だが、それでもGDPに占める民間負債の率は、

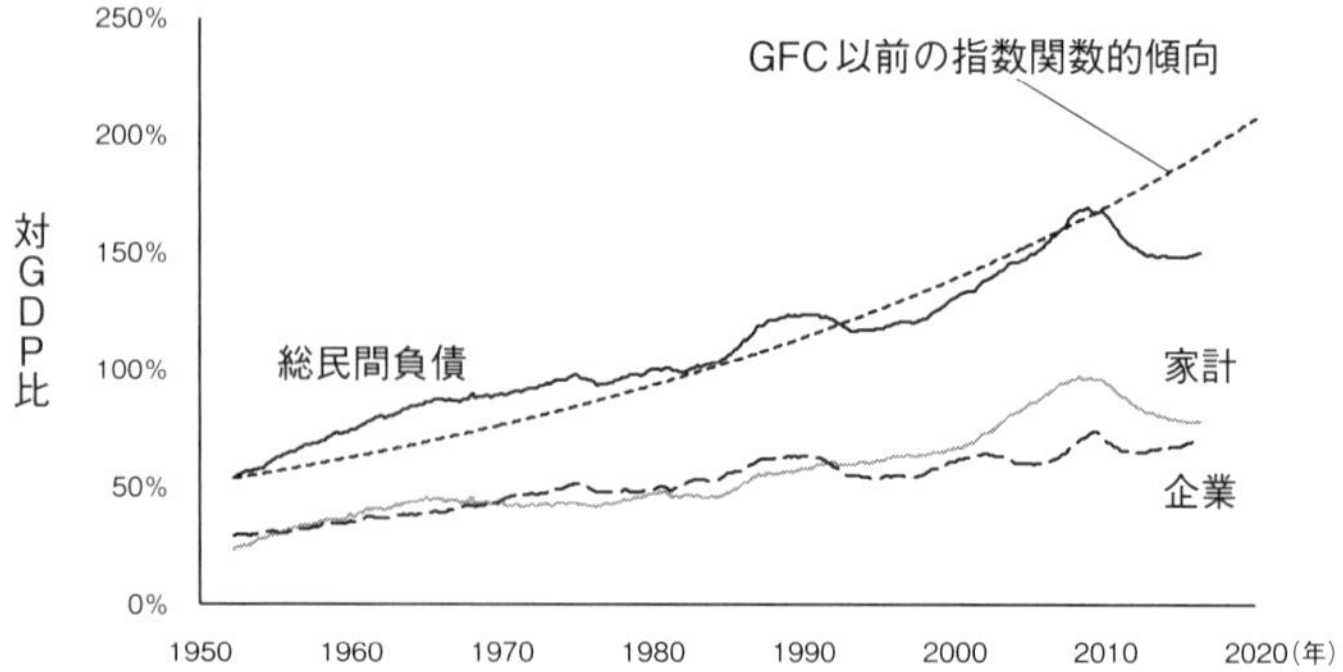

図12　米国の民間負債の対GDP比における指数関数的傾向をGFCが断ち切る

二〇一六年三月には一四九%となり、GFCの頃にくらべ一三%ほど低くなった(**図12**)。それにたいしオーストラリアの値は、二〇一六年三月が二〇八%で、GFCのときにくらべ二二%も高くなっていた。

だから、オーストラリアはアメリカと対照的だ。それが示すように、今や負債危機は、それを延期する以外に回避できなかった。アメリカの経済と住宅市場を駆り立て破綻させた負債のダイナミックスと同じものが、南半球でも働いたのだ。負債によるデフレの災難は、借入れを続けることで単に先送りされただけだった。オーストラリアで民間負債の伸びが減速を始めると、貸付の低下により需要は減退し、その度合は、二〇〇八年の危機脱出のためにオーストラリアが借用した方法をとらなかった場合に陥っていただろう状況にくらべて、さらにかなりきびしくなると思われた。

オーストラリアの民間負債がGDPに占める割合は無限に上昇できると、もちろん考えることができるかもしれない。なぜ民間負債はGDPよりも速く伸びるのをやめねばならないのか。

それにたいする答を私は持っている。それは日本だ。

日本は、第二次大戦で軍事力ではできなかったことを、経済力で果たすのが確実だと思われた時期があった。一九八〇年代の末、世界の十大銀行のうち九行は日本の銀行だった。日本の技術は、ソニーのウォークマンからトヨタのレクサスまで、世界をリードしていた。一九九三年――やや遅かったが――ハリウッドが『ライジング・サン』という、不吉なタイトルのスリラー映画を制作した。

だが、一九九〇年代が進むにつれ、日本の上昇というビジョンは弱まった。一九九〇年代の初めに日経株価指数は崩れた。ブームだった日本の住宅市場は間もなく崩壊した。そして日本は、「失われた一〇年」と呼ばれるようになる状態に落ち込んだ。「一〇年」が今では四半世紀になってしまった。現在、日本の銀行は世界の十大銀行のなかには存在しない（オーストラリアの四行が入っている）。日本の技術はまだ影響力を持つが、かつてソニーやトヨタが支配していた位置には、アップルやテスラが陣取る。世間で現在の日本は、昇る太陽としてではなく、消えていく星として、気を付けようという話として扱われる。

日本病については、人口減少から抑制が効かなくなった財政赤字まで、多くの説明が主流派経済学者たちから提供されてきた。危機が始まってから四半世紀、お定まりの批判は天文学的な財政赤字に圧倒的に集中する。対GDP比率で、危機の始まりは六〇％だったが、二二〇％に膨張した。

だが、日本の急激な転落の真因は、民間負債の罠なのだ。一八年後に訳が分からないままアメリカ

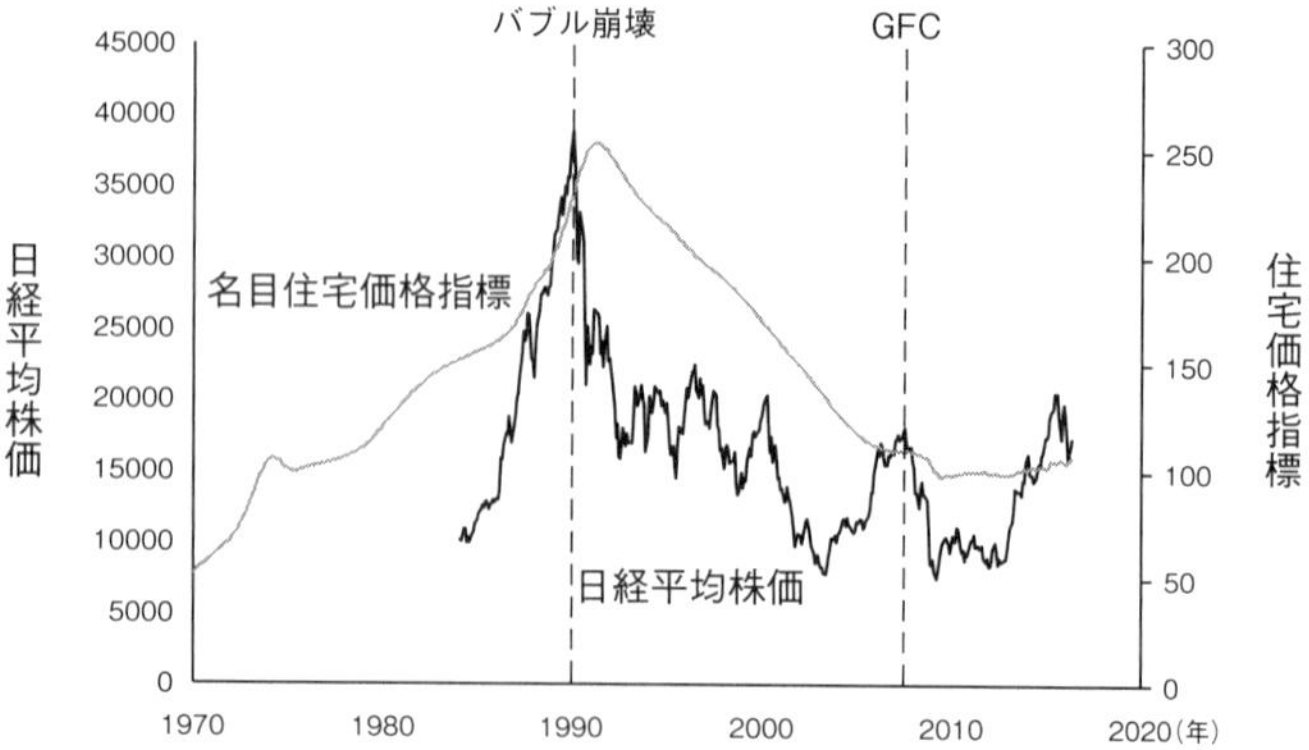

図 13　負債によるバブル経済が終わると，日本の不動産価格は崩壊した

がはまった罠だ。

日本は、民間負債のＧＤＰに占める割合がいつも高かった。主たる理由は、系列という組織、コングロマリットと銀行が結合した所有形態にあった。企業投資のための融資では、そうした銀行が、アメリカよりも大きな役割を果たした。一九六五年から一九八二年にかけて、日本の企業負債がＧＤＰに占める割合は、平均すると一〇〇％、それにたいしアメリカは四二％だった。バブルの結果、皇居の一・三平方マイルが、名目価値ではカリフォルニア州と同じになった。日本が幸せそうに「バブル経済」と呼んだ時代、銀行が、技術と産業だけでなく、株や土地への投機にも融資した。僅か八年間に企業負債は、ＧＤＰの四〇％に達した。

日本の家計部門の負債も、一九六五年から急速に伸びた。ただし線形だった（ＧＤＰに占める％で）。だが、一九八〇年代末から加速した。そして一〇年間を通じてＧＤＰの二五％を維持した。膨張する企業と家計部門の負債は、日本

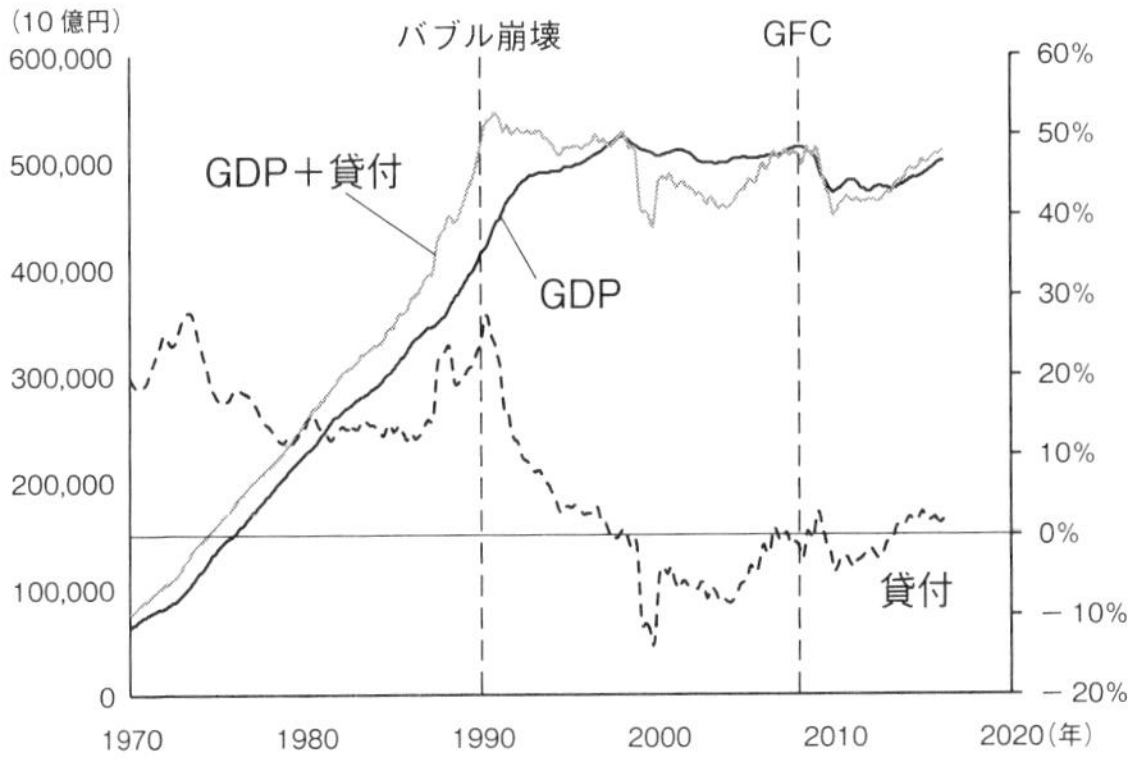

図14　危機の引き金としての日本の貸付

の資産市場を成層圏へと舞い上がらせた。日本の住宅の実価格は、一九八五年から絶頂の一九九一年にかけて、四八％も値上りした。そして日経株価指数は、六年弱で四倍にはねあがった。

一九八〇年代の末には、日本の負債によるパーティは終わった。貸付は、対ＧＤＰ比で、一九八五年の一二％から一九九〇年の二七％へと増加したが、一九九〇年代の末には低下し始め、民間負債は最大で年ＧＤＰ当たり一三％も縮小した。その結果は総需要の崩壊、資産価格の急降下、そして日の昇る国にとって重大なことに、負債による新技術への投資は終焉を迎えた。日本の大企業は、ふくらんだバランス・シートの改善で忙しく、日本の生まれたばかりの経済帝国の上に太陽が沈んでいった。一八年後にアメリカで繰り広げられたのと同じ変動が、そのあとに続いた。日本の膨大な貿易黒字と赤字財政による巨大な埋め合わせの刺激政策にも拘わらず、危機が始まると、日本の需要はゆきづまり、失業が増大した。

決定的なことだが、日本のようなバブル経済のパターンを真似した多くの国々は、そのあと危機に見舞われた。日本の民間負債は、危機のあと、高止まりしたままだ。また貸付にたいする需要も終わった。貸付の伸びが止まったとき、日本も止まってしまった。危機のあと日本経済は再生に失敗した。というのは、貸付のレベルがすでにあまりにも高くて、日銀の利子がゼロになっても、借入れによる成長へ戻る意欲がきわめて低く、そしてさらに借入れする能力も非常に乏しくなったからだ。貸付の低下、あるいはマイナスにともなって、日本経済における需要という活力源が消えた。あらゆる従来的手段による負債削減の試み――負債の返却から破産まで――によって、できる限り支出が削られたが、民間負債の対GDP比は高いレベルのままだ。

図14が示すように、日本の危機は一九九〇年に始まった。というのは、バブル経済を推進した貸付の伸びが止まり、最後にはマイナスになったからだ。「一九九〇年代の日本経済を誰が殺したのか?」の犯人捜しで、動かぬ物証は**図14**の貸付だ。

4 危機の引き金は過大な投機

日本は、経済大国から経済破綻国へ突然転落した。前章で最後に紹介した図14のように明らかなこの事実を、経済学者たちが読みそこねてしまう。それはなぜか。読者は首をかしげるだろう。その原因は、答を求めるとき、彼らはそうしたデータを見ようとさえしないことにある。探偵としての彼らのやり口は、アーサー・コナン・ドイルやシャーロック・ホームズよりも、ピーター・セラーズや彼が生み出した喜劇的人物のどじなクルーゾー警部とのほうが、共通点が多い。もっともらしいが、間違った言い草をつらねて、自明なことを不明にする。

そもそもの間違った前提が、一年生のときに経済学部の学生に叩きこまれる。その前提とは、マネーが「交換をおおうベール」に過ぎず、マネーの額の大きさの変化が「実物」の量――経済のなかで生産され消費される商品の物理的な量――の変化をもたらすと信ずる者たちは、「金銭幻想」に惑わされるというものだ。主流派のマクロ経済学の教科書は、駆け出しの経済学者にたいして、自信たっぷりにつぎのように保証する。絶対的価格は問題ではない。だからマネーも問題ではない。実際に問題となるのは相対的価格なのだと。

新人の経済探偵たちは、そうした考えを説き聞かされるが、その際にはつぎのような場合を考えろと言われる。一人の消費者が一定量の商品を買うとする。もし価格と彼女の所得がともに瞬間的に二倍になったとしよう。どんな変化が起こるだろうかと問われるならば、正しい答は「変化なしで、彼女は同じ量の商品を買うだろう」だ。それにたいし屁理屈をこねると、「金銭幻想」にひっかかっていると嘲笑される。それ以後は、主流派の経済モデルは、現実のマネーではなく、相対的価格の上につくられ、分析からマネーそのものは消えてしまう。ロバート・ルーカスのような生粋の信奉者の手にかかれば、「企業や消費者においては金銭幻想がない」ので、インフレを起こす以外にマネーには役割なし、とするつぎのようなマクロ経済学のアプローチが出てくる。

「比較的安定した、右肩上がりの供給曲線を導き出す、変動する総需要の明細から、実産出と価格との間の循環的相関関係が生ずると見るのは、（経済学者として）当然だ。だが、ここから出発すると、ひとつの逆説に行き着く。というのは、**企業や消費者において金銭幻想がないことは、垂直な総供給の明細を意味し、そのことは、純粋に名目的な性質の総需要の変動が価格変動しか起こさないことを意味するからだ**」（Lucas, 1972, p. 52. 強調は筆者）

経済殺人ミステリーで有力な解決の糸口として，マネーを除外してしまえば，主流派経済学の探偵マニュアルのつぎの段階は，銀行も筋書きから消すことだ。主流派経済学の主張によれば，銀行は，預金者と借入者の間の単なる「仲介者」であるに過ぎない。つまり，貸付や金銭創出（マネー・メイキング）で，銀行が積極的な役を果たさないのだ。主要命題はこうなる。市場での貸付とマネーの量との間にはつながりがなく，負債のレベルとマネーは二つの独立の事柄だということになる。「つぎのように考えてみよ。負債が増大するとき，より多くのマネーを借りるのは，経済全体ではない。耐え切れない人たちが――理由はともかく，早くマネーを使いたい人たちが――辛抱強い人たちから借金する」（Krugman, 2012a, p. 147）。

同じような立場をとるのがバーナンキだ。大恐慌についてのフィッシャーの負債デフレ論をしりぞけるに際して，貸出しと総需要の変化とはリンクしないというのだ。貸付は，銀行によるものであっても，単なる支払い能力の移転に過ぎないというわけだ。クルーグマンが，二〇一二年の私とのブログでの論争で，この考えを強引に押し付けてきた。銀行が仲介者以上のものだと主張する者は「銀行神秘主義者」だと，つぎのように責め立ててきた。

「銀行は左と右が出会うところだ。――オーストラリア人とミンスキー派は，銀行を，経済に当てはまるルールの外にある機関だと見る。善かれ悪しかれ独特の力を持つと……私はそうは思わないと主張するが。誰もより多く消費しようとして，虚空から需要を引き出したりしないように、銀行も虚空から需要を生み出したりしない。銀行は貸し手と借り手をつなぐひとつのチャンネルなのだ」(Krugman, 2012c)

だが、この主張は、主流派のマネーに関するモデルの第三の柱——マネー創出における「マネー乗数」モデル——と折り合いが悪い。それでも、ひどく混乱した探偵——主流派経済学者は、二つの矛盾する考えを同時に持つことができる。

マネー乗数モデルでは、銀行は貸付によってマネーを創出するが、そうすることで、そのすべての行為は、政府の統御に受動的に対応していると主張する。モデルでは、政府は銀行のため準備を創出し、ついで銀行がその一部——いわゆる法定準備率(RRR)——を保有し、残りを貸し出す。借り手はこの新しく創出されたマネーを他の銀行に預ける。そうした過程を繰り返し、新しく創出されたマネーの量は、最初に創出された準備をRRRで割った値と最終的に等しくなる。

RRRは一よりもかなり低いから——アメリカの場合は〇・一だから(O'Brien, 2007, p. 52)——このモデルによれば、銀行の貸出しによって創出されたマネーの量は、政府によって創出された準備の量の乗数になる。だから、実際に銀行がマネーを創出するが、創出されるマネーが多すぎても、少なすぎても、政府の誤りとなる。というのは、政府が糸をひくからだ。大恐慌が連銀によって引き起こされたとするバーナンキの主張の基礎はこれだ(Bernanke, 2000, p. 153)[1]。またそれは、二〇〇九年にオバマ大統領が受け容れた助言の基礎でもあった。その中身は、GFC(世界金融危機)から経済を救う最善の方法は、国民にマネーを直接与えるのではなく、銀行に与えるというものだった(Obama, 2009)[(2)]。

主流派の経済学者がこれらの命題を妥当視すればするほど、どちらもますます間違っているのだ。最初の命題、すなわちすべての価格と所得を二倍にしても、「実」規模――経済学者には経済で生産され消費される商品とサービスを意味する――が変わらないという命題は、負債の存在という否定できない事実を受け容れるならば、ありきたりの吟味にさえも耐えられない。

負債が存在すれば、ある「行為者」は借り手で、他は貸し手だろう(それに銀行の負債なり非銀行の行為者の間の負債が含まれようが、問題ではない)。「すべての所得とすべての価格を二倍にする」とき、マネーの価格――金利にたいする影響は何か。借り手にはそれはマネーのコストだが、貸し手には所得源だ[(3)]。もしあなたがそれを二倍にすれば、借り手を貧しく、貸し手を豊かにする。それにともなって所得の配分が変わり、需要に変化が生じ、産出にも変化が起こる。つまり、経済の実規模が変わる。だから、マネーの価格とマネーの所得の変化は、「実効果」を持つことが可能で、事実持っているのだ。したがって、マネーの変化が実効果を持つと主張する者は、「金銭幻想」に患わされているわけではないのだ。逆に、主流派経済学者が「バーター幻想」――マネーを考慮しなくても資本主義は分析できるとする誤った信念――にとりつかれているのだ。

銀行は貯蓄者と借り手の間の「単なる仲介者」で、銀行貸付とマネー供給の間につながりはなく、単に銀行は中央銀行のマネーに「乗数をかけて」新しい貸付と預金を生むだけ、といった主張は、イングランド銀行（イギリスの中央銀行）によって、「現代経済におけるマネー創出」という論文のなかで、つぎのようにすべて誤りだと指摘された。

「現代経済では、ほとんどのマネーは、銀行預金の形をとる。だが、どのようにして銀行預金がつくられるかについて、誤解が多い。主な方法は、商業銀行経由で融資される。**銀行が融資するとき、必ず同時にそれに対応する預金が借り手の口座に創出される**。このようにして新しいマネーがつくられる。

現在のマネー創出の実態は、いくつかの経済学教科書に見られる記述と異なる（つぎが正しい）。

- 家計が貯蓄すると、銀行がそれを預金として受け取り、ついでそれを貸し出すのではなく、銀行の貸付が預金をつくる。
- 通常、中央銀行は、流通するマネーの量を定めない。中央銀行のマネーに「乗数がかけられ」、より多くの貸付と預金がつくられることはない」（McLeay et al., 2014, p. 1. 強調は原典）

イングランド銀行の事実に基づく記述――銀行が貸し付けるとき、同時に借り手の口座に対応する預金が創出され、新しいマネーがつくられる――は、重要な推論を導く。つまり、マネーは借りられて存在するようになり――商品なり、サービスなり、資産なりに――支出され、既存のマネーの総額によって融資された額の上に加えられ、総需要を構成する。このように経済の総需要は、既存のマネーの合計と貸付の総和なのだ[4]。

これが**図14**の背後にある論理に他ならない。総支出を正確に計測するには、既存のマネーの合計を貸付に加えねばならない。貸付に関するデータは存在するが、既存のマネーの合計に関するデータは存在しない。記録されているのはGDP――商品とサービスを売って得た所得と総支出――であって、一部は既存のマネーによって、また一部は貸付によって融資されたものだ。だが、現在では貸付のほとんどは資産購入のための(GDPのなかに記録されない)融資だから、GDPと貸付の合計が、経済における総支出をほぼ示す。

このことが、民間負債のレベルとその変化率が問題になるのを説明してくれる。アメリカの慈善家リチャード・ヴェイグが、重要な経験的規則性を発見した。それによると、過去一五〇年間のいずれの経済危機でも、つぎのようなことを示していた。GDPに占める民間負債の率が一五〇%以上、そしてその五年間の伸び率が一七%という組み合わせだ(Vague, 2014)。この経験的規則性は、負債の伸び率の低下の影響が、そのレベルと変化率に依存するためだ。

その意義を理解するために、つぎのような経済を想像しよう。民間負債がGDPの二倍の速度で伸び――負債が名目年二〇%で伸び、GDPが年一〇%で伸び――そして貸付が、商品やサービスではなく、資産購入のために用いられるとしよう。またとりあえず貸付とGDPの伸びとの間のフィードバックも無視する。もし負債の伸び率が遅くなり、GDPの伸び率と同じになれば、商品とサービスと資産にたいする総支出はどうなるだろうか。

もしＧＤＰが年一兆ドルで、負債率が五〇％ならば、負債は五〇〇〇億ドルで、その年の貸付は一〇〇〇億ドル（五〇〇〇億ドルの二〇％）になる。総支出は一・一兆ドルだ。一兆ドルは既存のマネーから、一〇〇〇億ドルは貸付からだ。つぎの年、もしＧＤＰの伸びが一〇％で、負債の伸びが年二〇％から一〇％へ低下したとすると、総需要は一・一六兆ドルになる。一・一兆ドルがＧＤＰから、六〇〇億ドルが貸付から（六〇〇〇億ドルの一〇％）だ。前年にくらべて、貸付にたいする需要が四〇〇億ドル減少している。だが、総需要は前年よりも六〇〇億ドル高くなる。それはＧＤＰが増大したからだ。

だが、もし負債率がＧＤＰの二〇〇％から始まるならば、一年目の総支出が一・四兆ドル――既存のマネーの総計から一兆ドル、貸付から四〇〇〇億ドル（二兆ドルの二〇％）――になる。つぎの年に貸付の伸びが一〇％へ低下すれば、総需要は一・三四兆ドルになる。ＧＤＰからが一・一兆ドル、貸付からが二四〇〇億ドル（二・四兆ドルの一〇％）だ。前年よりも支出が六〇〇億ドル減少している。ＧＤＰも負債も増加を続けているにも拘わらず、そうなのだ。

中央銀行の何人かの経済学者たちが表明する――経済に悪い影響を及ぼさずに、ＧＤＰに占める負債のレベルが安定可能だという――希望は、単純に誤りなのだ。ひとたび経済において、ＧＤＰに占める負債のレベルがかなりの域に達すると、そしてその比率がＧＤＰよりも速く伸びるならば、その比率の安定は深刻な不況を引き起こすだろう。**ＧＤＰの成長率が低下しなくても、それを引き**

起こすだろう。そして、もちろん現実に、ＧＤＰの伸びは低下する。というのは、ヴェイグが見出した経験的規則性が、ここでの仮説的な例よりも低いレベルで起こり得るためだ。

だから、貸付はグローバル経済のブームとスランプの両方の原因なのだ。その引き金は、いずれの経済危機においても、またスペインやギリシアのように、ユーロ圏の自殺的な政策が経済失敗の主因だった場合においても、見ることができる。南欧の最近の失業率の低下は、緊縮政策の成功のしるしだとＥＵが持ち上げるが、実は貸付の増大の結果に他ならない。貸付はマイナスだが、低下率がゆるやかなため、総需要の増大になっている結果だ。

貸付は経済をつぎつぎに「ゾンビ化」してきた。かつて生き生きしていた経済を、刺激的だが、長続きしないブームのあと、「借金の生ける屍」にしてしまう。そうした「負債ゾンビ化」は、非常に高いレベルの民間負債（ＧＤＰの一五〇％以上）、危機前の貸付による需要（ＧＤＰの約一五％に相当）、危機後の高い負債比率、低いかマイナスの貸付による需要などを特徴とする。危機の前にくらべて大幅に低い貸付による需要、しつこく高止まりする民間負債などのため、需要はより低く、経済の成長率も低く、経済は民間部門の負債削減への復帰の影響を受けやすい。

これこそが二〇〇八年の世界金融危機（ＧＦＣ）後の経済停滞の真の原因だ。それをラリー・サマーズが、彼より前のアルヴィン・ハンセンもそうだったが、誤って「セキュラー・スタグネーション（長期停滞）」と呼んだ（Hansen, 1934, 1939; Summers, 2014）。主流派経済学者として、彼は誤った考えを共有する。金融危機は過渡的現象で、それは解決済みで、今のはっきりしない成長数値は金融危機では説明できないというわけだ。

「金融組織のリスクの証拠が……ゆきわたってから……五年あまりが経った。だが、まだアメリカ経済の成長率のこの五年間の平均は、ひどく落ち込んだ状態から戻り始めたにしても、僅か二%だ……。

振り返ると、こうしたパターンは驚くべきものだ。**もし金融危機が一種の権力の失墜を表すとすれば、それが解決したあとは、成長が加速するのを期待するだろう。**貸付が得られないため需要を表明できなかった者が、需要を表明できるようになるからだ」(Summers, 2014, p. 30. 強調は筆者)

現在の経済停滞は「貸付による過大民間負債」が原因だと説明されるのに目をつぶって、サマーズは、第一の原因として、「ゼロ金利制約(金利がゼロ以下にならないため金融政策が効かなくなること)」が、市場による完全雇用の回復を妨げていると主張する。

「**大きな金融問題がないにも拘わらず**、なぜ停滞が続くのか、その原因を人々はどう理解するか。つぎのように想定するとしよう。大きなショックが、民間の貯蓄性向を高め、投資性向を低め……完全雇用下の産出レベルで貯蓄と投資が等しくなるまで……人々は金利が低下すると期待するだろうと。だが、それには金利の完全な柔軟性が前提となる。……したがって、実現可能な金利では、完全雇用下での貯蓄と投資の均衡を達成できない可能性が存在する』(Summers, 2014, pp. 31-2. 強調は筆者)

そして第二の原因としてサマーズは、人口増加と技術革新の低下が、経済のより低い成長を説明するとして、つぎのように推量する。「人口とおそらく技術の成長の低下は、より生産性の高い、新しい労働者に、新しい資本商品を与えるための、需要の低減を意味する」(Summers, 2014, p. 33)。確かに人口増加は減速し、それが産出の最大潜在成長率を低下させた。技術成長それ自体が低下したとの主張は、一九三四年にハンセンが主張した(Hansen, 1934, p. 11)ときと同じように確かだと思える。だが、ハンセンの主張のあと、ジェット機、コンピュータ、原子力が発明された(5)。技術変化の低下の真因は、経済成長の低下の真因と同じだ。貸付需要が蒸発し、それとともに民間部門による革新のための主要な金融源も衰えたのだ。

サマーズの主張とは逆であって、アメリカの金融危機はまだ終わっていない。というのは、民間負債のレベルが高いままだからだ。GDPにたいする民間負債の大きさは、二〇〇九年初めの一七〇%を絶頂として、二一%の減少を見せたが、依然として一五〇%と突出している。まさにそのレベルは、リチャード・ヴェイグが過去のすべての経済危機の二つの要素の一方と同定したものに他ならない(七九ページ参照)。それとは対照的だが、大恐慌と第二次大戦のあと、民間負債がかなり減少した。戦後が始まった頃はGDPの三七%——大恐慌時の最大値の四分の一だった。

民間負債が高止まりしているため、貸付による需要は劇的に減少した。対GDP比で、世界金融危機(GFC)前の五年間の一二%から、二〇一一年から現在までの平均三%へと低下した。この点でアメリカは、一八年前の日本の誤りを繰り返した。民間負債を狂奔させ、資産バブルを無視し、しかも危機のあと民間負債を大幅に減らすことに失敗したのだ。

日本は、一九九〇年にバブル経済が崩壊し、最初の負債ゾンビになった。民間負債はGDPの二〇八%に達した。対GDP比で貸付が、危機前の五年間は平均一七・五%だったが、危機のあとは〇・五%以下だ。民間負債は最高値からかなり減少した。対GDP比で、一九九五年の二二一%から、現在は一六七%へと低下した。だが、それでも日本のバブル経済前のレベルよりもはるかに高く、一〇年間にわたって対GDP比一七〇%のあたりで固まってしまっている。

アメリカに加えて、数カ国が日本のあとを追ってゾンビ化国になった。疑わしい経済政策に従ったからだ。**図15**は、二〇〇八年の世界金融危機(GFC)当時のBISデータベースのなかの各国について、民間負債比と、危機より五年前の貸付の平均レベルを示す。危険域はグラフの右上の象限で、対GDP比で、過去五年間、民間負債が一五〇%を超え、貸付が一〇%以上だった。この状況に落ち込んだ国が脱出するには、二つしか方法がない(ここでは的を射た政策という第三の選択肢を除く)。さらに負債を増して危機を遅らせ、より危険な域に入っていくか、それとも貸付需要を大幅に削減する危機を経て危険域を脱しても、崩壊してしまうか、そのどちらかだ。

二〇〇八年にアメリカについで負債ゾンビになった国は、アルファベット順では、デンマーク、

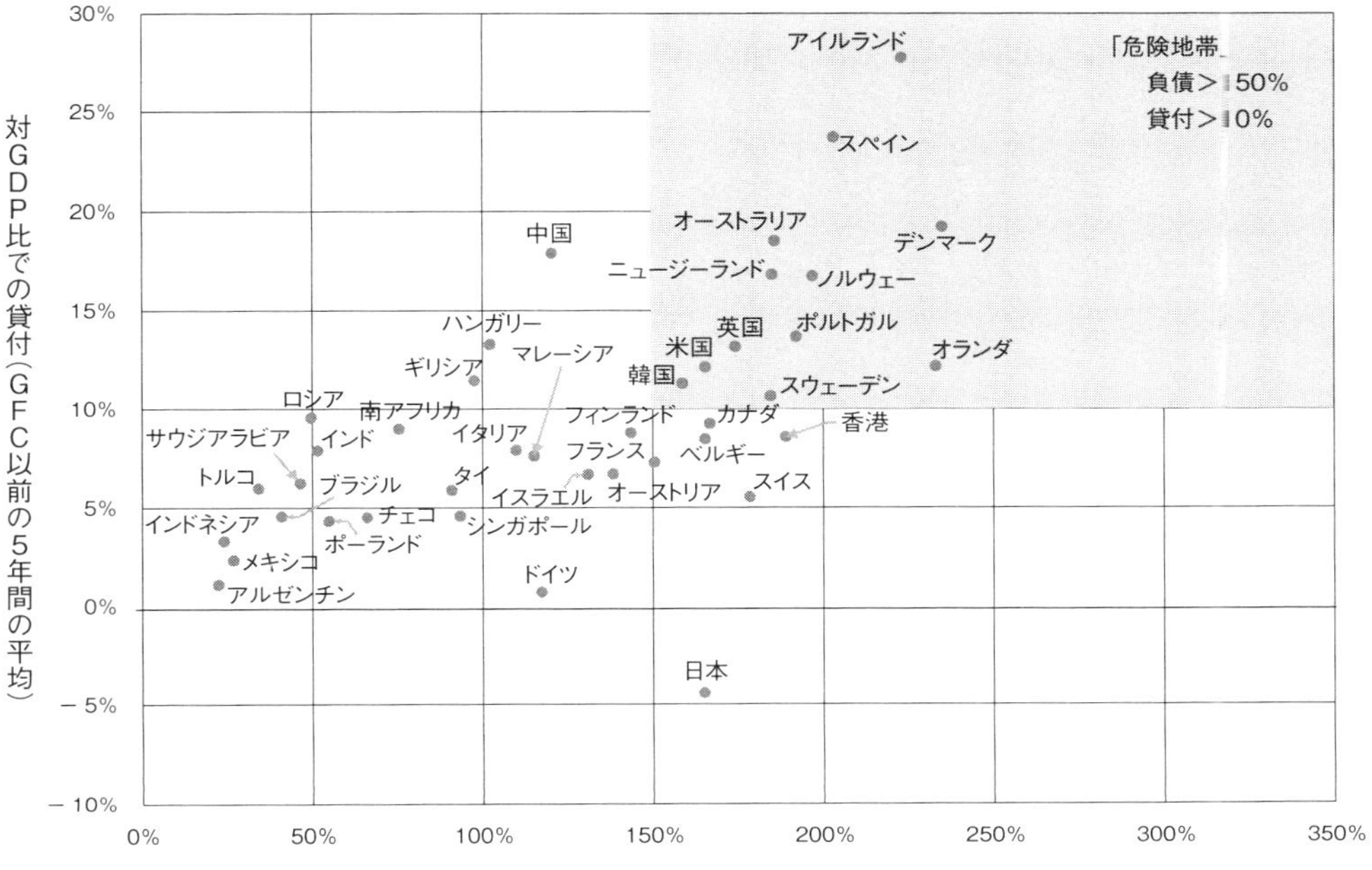

図 15　GFC 以前の 5 年間の民間負債率の水準と成長率

アイルランド、オランダ、ニュージーランド、ポルトガル、スペイン、イギリスだ。世界金融危機(GFC)当時、これら七カ国の平均負債レベルは、対GDP比二〇〇七％だった。また、危機の五年前の貸付は平均で一八％だった。危機以降では、平均負債レベルの低下は僅かで、二〇〇四％にとどまった。危機以後五年間の平均負債の減少幅は一％に終わった。

貸付の崩壊がそれら諸国の経済停滞の真因だったが、それぞれの国での政治物語では、違う犯人が指示された。危機の主要な原因として、政府支出の膨張を挙げるのが標準的だった。その種のそらし戦術で、イギリスほど成功した国はなかった(6)。

イギリス保守党の大きな政治的成功は、投票者、ほとんどのメディア、第一の政敵の労働党にたいして、二〇〇八年のイギリスの不況が当時の労働党政権による赤字財政が原因だったと信じさせたことだった。保守党の二〇一五年のマニフェストは、二〇〇八年のイギリスの不況を「労働党の大不況」と表現し、経済回復は保守党が政権についてから赤字を半減させたからだと主張した。

「五年前イギリスは、労働党の大不況で混乱していた。だが、二〇一四年我々は、主要先進国のなかで成長が最速だった。……五年前、財政赤字が対GDP比一〇％以上で、平時としては歴史上最高だった。その結果、財政赤字はコントロール不能だった。だが、今や赤字レベルは半減し、税収にたいする赤字の比率は本財政年次から低下を始めるだろう」(Conservative Party, 2015)

労働党はこの批判を受け容れた。この政治物語に異論を唱えなかった。たとえば、二〇〇八年不況は世界的現象で、イギリス政府だけの間違いではあり得ないなどと、指摘しなかった。二〇一五年の選挙マニフェストでは、再選されるならば「赤字を毎年削る」と、うんざりするほど繰り返した。

「労働党政権は、**毎年赤字を削減するだろう**。労働党の最初の予算書の最初の行は、「この予算は**毎年赤字を削減する**」となるだろう。このマニフェストは宣言する。我々は、**毎年赤字を削減する予算書**しか下院に提出しないだろうと。それをOBR（オフィス・オブ・バジェット・リスポンシビリティ、省庁から独立の予算検討機関）が政府とは独立に確証するだろう。

つぎの議会で我々は、できる限り速やかに財政赤字を削減し、**当年予算を黒字にする**だろう。このマニフェストは、この約束について妥協しないことを宣言する」(Labour Party, 2015. 強調は筆者)

これでは選挙マニフェストではなく、罪の自白書だった。だが、真実は、ブレアとブラウンの労働党政権の唯一の罪は、一九八一年以来のイギリスの民間債務の増大傾向が止まったときに、政権にあったことだ。

そんな傾向がいかに維持不可能か、危機以後、そのとき初めて明らかになった。それは国際決済銀行（BIS）と、イングランド銀行のレポート(Hills et al., 2010)のお蔭だった。データが強調したのは、一九八〇年から二〇〇八年にかけての民間負債バブルは、歴史上前例がないことだった。民間負債は、イギリスの歴史で対GDP比七五%を超えることはなかったが、一九七〇年代末の六〇%から、一九九一年の一二七%へ、そして二〇〇九年半ばには一九七%の最高値に達した。

だから、政治家で誰が二〇〇八年の不況で責められるべきかとなると、労働党のゴードン・ブラウンではなくて、保守党のマーガレット・サッチャーとなる。首相としての彼女の任期が始まるとすぐに、民間負債の対GDP比は、それまで一世紀にわたって横ばいだったのが、アメリカの三倍の率で伸び始めた(**図16**)。サッチャーの金融緩和は、資本主義の革新ではなくて、シティによる投機的な貸付を解き放ったのだ。その結果、負債ロケットがイギリスの経済と政治を支配する力になってしまった(そしてロンドンの住宅バブルに火をつけ、イギリス社会を駄目にし、現在に至っている)。

この上昇は終わらねばならなかったのだ。絶頂に達したとき、負債比率は一九八〇年のレベルの三倍になっていた。それにたいしてアメリカの負債比率は、絶頂期でも一九八〇年の「僅か」一・七五倍だった。イギリスのGDPと貸付の合計は二〇〇八年三月に最高になったが、二〇〇八年四月には低下を始めた。これがイギリスの二〇〇八年不況の始まりの、公式の日付になった。

イギリスの財政赤字は、二〇〇八年不況を起こすには、はるかに遠い存在だった。世界中の同じように膨張した財政赤字は(ドイツも含め)、貸付による需要の崩壊の影響を緩和した。危機に際しての政府支出の増加のほとんどが、イギリスの金融組織へ注入された。国家の収入は主として所得

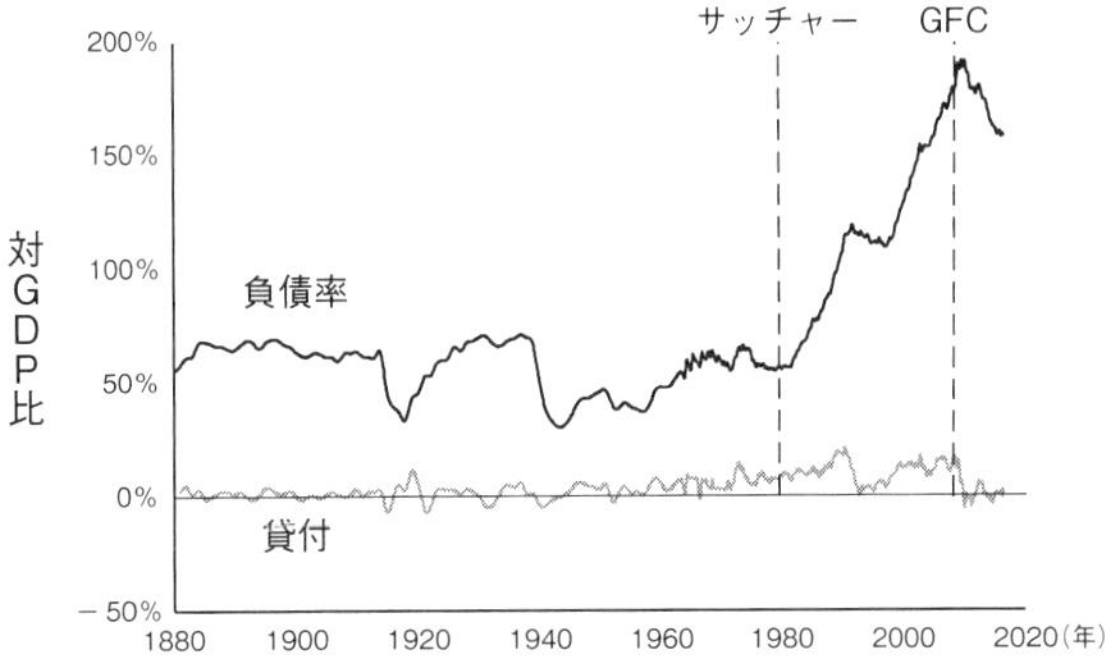

図16　1880年以降の英国の民間負債

税で、政府支出はほとんど失業率で決まったから、税収の減少と失業率の上昇によって、政府は大幅な赤字に転落した。原因のつながりは、貸付から雇用へ、雇用から政府支出へ、であってその逆ではない。政府の負債の対GDP比は第二次大戦後は全般的に低下しつつあったが、貸付による需要の崩壊の結果として上昇した。

政府支出の増大によって、経済の低下のきびしさが緩和された。日本が先例だった。政府支出が企業と家計にたいしキャッシュ・フローの代替源となり、それによって民間負債が返済された。それがなければ——大恐慌や現在のEU圏がそうだが、失業率は劇的に高くなっていただろう。それがあったにも拘わらず、失業率は上昇した。ただし、大恐慌や、マーストリヒト条約による今の南欧の締め付けのような、破壊的レベルではなかった。

現在イギリスは負債バブルのあとで、貸付需要が弱い。政府負債ではなくて、貸付需要の低さが原因で、イギリス経済は止まったのに等しい状態だ。

ところで、貸付によって牽引される経済が、今でもかなり存在する。だが、そのうちの多くは、「ミンスキー・モーメント*（債権が不良化する瞬間）」を経験し、そのあと二、三年のうちに負債の生ける屍になるだろう。中央銀行のクルーゾー警部の鼻先でだ。彼は相変わらず経済における民間負債の役割を無視する。そうした未来の「負債ゾンビ」の国々では、民間負債のレベルが高く、伸びが名目GDPよりも速い。そしてそれらの国々では、目前の需要と所得のレベルを維持するため負債に大きく依存し、貸付が減少すると国内需要は低下し、経済は不況に転落する。その影響は世界の他の地域に及ぶ。というのは、貸付に依存する輸入にたいする需要が消えるからだ。それらの国のどれひとつとして、世界GDPに占める割合でアメリカに匹敵しないが、そのなかで最大の国（中国）はアメリカの半分を上回り、他の国々を合わせるとアメリカと同等になる。

負債危機の正確なタイミングをつかむのは不可能だ。というのは、二〇〇八年のオーストラリアで示されたように、民間部門が借入れを続けるように誘導されると、危機は一〇年でも遅らせることができるためだ。だが、同時にオーストラリアが明らかにしたように、よりレバレッジの程度が高まるのを避けられない。それはいつまでも続かないから、危機は避けられないのだ。将来、負債危機に落ち込みやすい国は、（a）負債の対GDP比率、（b）過去五年間の貸付の対GDP比率の平均、によって同定は容易だ。そうした国々は**図17**の右上の象限に示される。これは**図15**の日付を二〇一六年に改めたもので、この本を完成させた二〇一六年九月の時点で得られた最新のデータだ。

将来の負債ゾンビとして際立つのは、アイルランド、香港、中国だ[7]。高いレベルの負債、過去五年間需要の源として貸付に大幅に依存してきた、という負債危機に必要な要件を備える国々は、アルファベット順では、オーストラリア、ベルギー、カナダ、韓国、ノルウェー、スウェーデンだ。境界線上の国々――必要条件の片一方を備える国々――は、オランダとスイス(対GDP比率で、負債が二〇〇％以上、過去五年間の年当たりの貸付が約五％と軽微)、フィンランド、フランス、ニュージーランド(負債が一七五％以上、貸付が約五％)、そしてマレーシア、シンガポール、タイ(負債が一二五％以上、貸付が一〇％以上)だ。

負債ゾンビでもないし、近未来で犠牲にもされない国は、先進国ではオーストリアとドイツ、新興国ではアルゼンチン、チェコ、ハンガリー、インド、インドネシア、イスラエル、メキシコ、ポーランド、サウジアラビア、そして南アフリカだ。ブラジル、ロシア、トルコは境界線上だ。というのは、負債比率の最高値が危険域よりも充分に低いが、最近の貸付率の伸びが高く、そのため民間負債の伸び率が減速しやすくなるからだ。

中国だけで世界GDPの一六％に相当する。(8) 民間負債では二二％を占める。中国のみが危機に落ち込むだけで、世界中に影響が及ぶ。世界金融危機(GFC)の時点で、以上の一七の危機に見舞われそうな国々のGDPは世界の二八％、アメリカは二九％だった。他方、民間負債での割合は、三七％対三二％だった。全体が同時に危機を経験することはないだろうが、貸付によるブームから負債ゾンビ・クラブのメンバーへと移行すると、すでに瀕死の経済の成長は減速するだろう。

潜在的な負債ゾンビで、最大で、そしてもっとも関心を呼ぶのはもちろん中国だ。中国の現在の

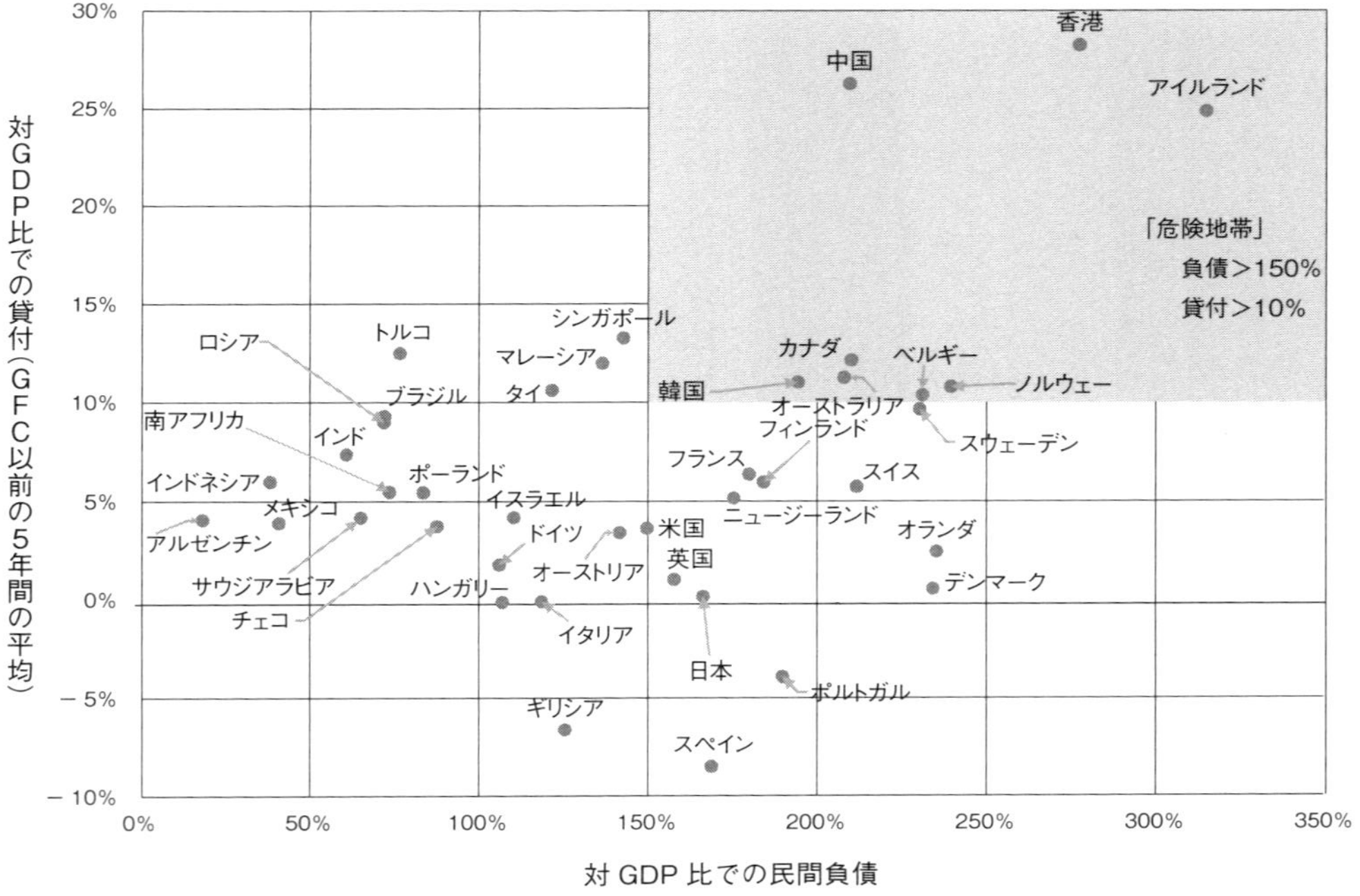

図17　過去5年間の民間負債率の水準と成長率

経済状況にたいする、どのような批判も、過去三〇年間の通常とは異なる経済成長を認めることによって、斟酌されねばならない。中国は社会主義の実験をやめ、鄧小平のもとで「資本主義の道」を採用し、中国を農民の貧困国から活気に満ちた工業経済国へと転換した。運よく私はまさに転換が始まる一九八一〜八二年に中国を訪問し、深圳自由貿易地帯を見学した。経営者たちは、幸せにあふれ、彼らの成長戦略を語った。

それは中国と西側の労働者の非常に大きな賃金格差に依存していたが、他のアジアにおける自由貿易地帯の戦略と違わなかった。すでにそれは当たり前だった。深圳が他と違っていたのは、西側の企業は中国の共同経営者を持たねばならず、五年間のうちに事業の所有権の半分を中国の共同経営者に移転しなければならなかった点だ。中国人たちは資本家階級の育成と、西側の技術知識が中国の企業経営者や技術者へ移転されることの保証を意図していた。私は、中国の現代化の他の多くの側面にたいし懐疑的だが、これらのアプローチは有効だろうと信じている。

確かにその通りだった。中国は急速に成長した。輸出向けの工場へ西側の先進技術を導入し、農民は工場労働者へと変えられ、消費に向けてのさらなる拡張のため投資が促進された。過去三〇年間に人民の大多数の生活水準は劇的に向上し、その結果、中国が直面する問題は、社会主義としての停滞ではなく、むしろ資本主義としての行き過ぎた成功だ。

中国の成長戦略への挑戦は、西側に成長をもたらした貸付が絶えたときに訪れた。中国の名目成長率は突然、年率二〇%以上から一〇%以下へと低下し、失業した工場労働者の大群が農村へ帰郷を始めた。
政治が混乱する可能性は大きかった。そうした状況で中国政府は、西側政府に欠けていた能力を行使した。銀行――ほとんどが国有だが――にたいして、地方の不動産開発業者に大幅な貸付をするように命令した。事実その通りに貸した。対GDP比率で、貸付が一五％から僅か一年間で四〇％へと伸びた（図18）。その巨大な貸付による需要と、政府による超大型のインフラ建設計画とが、中国の輸出市場の崩壊を埋める以上の効果をもたらした。人類史上最大の貸付によるブームが始まり、都市に信じられない数の住宅団地が開発されるにつれて、経済は浮揚した。この政策によって、沿岸地域からの労働力の流失を押し戻しただけでなく、輸入を大幅に増加させた。とくに韓国のような機械輸出国や、オーストラリアやカナダのような資源輸出国からの輸入が増加したため、世界の他の多くの国々にたいして、グローバルな金融危機のきびしさを和らげた。
だが、避けられない付けがまわってきた。中国のGDPにたいする民間負債の比は爆発し、二〇〇八年危機のとき比較的低くて一二〇％だったが、二〇一六年三月には二一〇％に達した。GDPを増速させる貸付の刺激効果も急速に低下した。名目GDPの成長は年八％から、貸付バブルが始まると、二〇一二年にはほとんど二〇％へと急伸した。だが、以後ゆっくりと低下し、現在は六・五％だ。[9]
しかし、このバブルも破裂するに違いない。というのは、こんなレベルからのこんな率の負債の伸びは、依然として広範囲に指令経済であっても、維持できないからだ。多くの批評家たちは、中

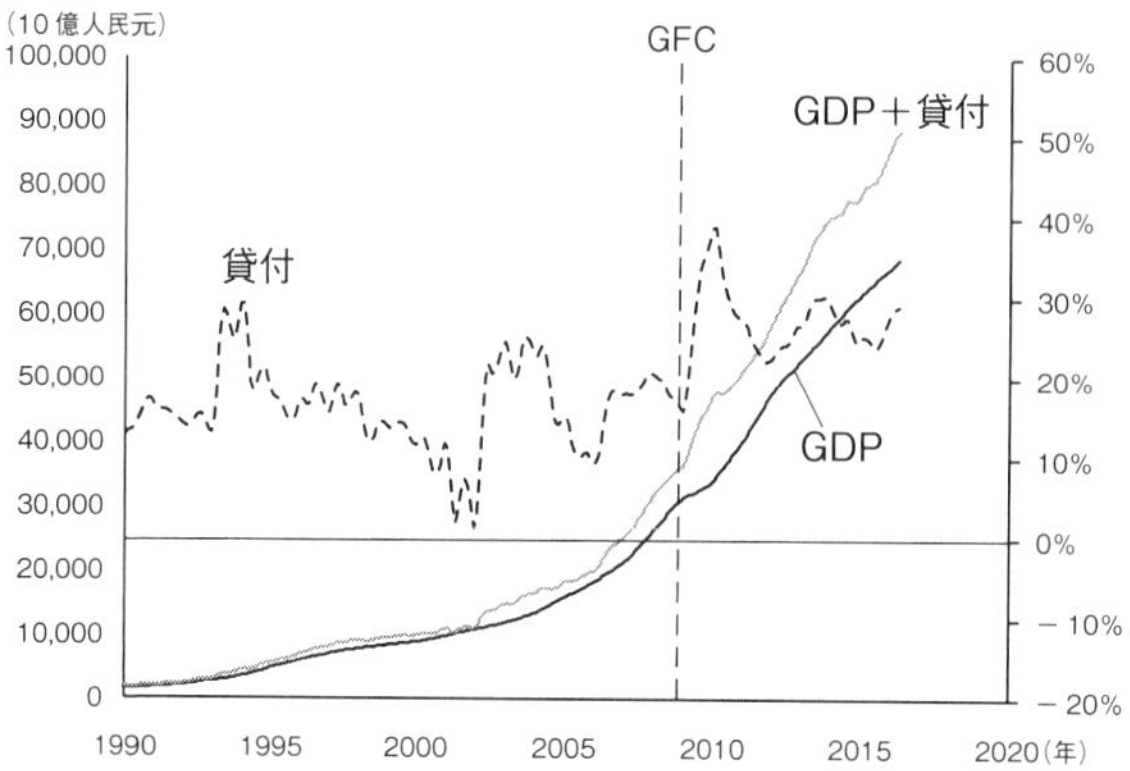

図18　中国の貸付とGDP

国のシステムの特殊性を強調する。中国の場合、結果が異なるというわけだ。負債は抹消され、国有ないし国家管理下の銀行はそれでも貸し続け、倒れることを許されない……からだ。だが、それでも貸付による需要の増進は低下し、総需要と総所得(そして資本利得)の大幅な落ち込みを意味することは避けられない。それに対抗できるのは、政府の財政支出の大幅な増加だけだ[10]。

　これは中国にとっても、またゾンビ候補にとってもジレンマだ。**民間部門の活動だけによって、**総需要の大幅な低下(したがって不況)を避ける唯一の方法は、民間負債をGDPよりも速く伸ばすことだけだ。しかし、負債には金利を払わねばならない世界では、ある時点で総負債の返済コストが、そのために得られる所得を超えるだろう。

　中国と同じように、貸付に縛りつけられた国々で、同じような変化が起こるだろう。それらの国々は麻薬中毒患者のジレンマに直面する。今すぐ「コールド・ターキー(麻薬)」か、それとも貸付に依存し続け、あとになってからより大きな破綻を経験するかの選択を迫られる。負債中毒のジレンマに現在はまっている最大の国が中国なのは明らかだ。中国が仲間に不足することはない。

そうした国々が貸付の壁にぶつかったとき、経済失敗の副作用は、現職の政治指導者たちの経歴の終焉をもたらすだろう。

5　民間負債の政治経済学

すでに述べたように、イギリスの保守党は二〇〇八年の世界金融危機（GFC）を「労働党の大不況」と呼んだが、最大の責任を負うべき政治家はマーガレット・サッチャーだった。民間負債バブルが破裂したとき、彼女は政治から離れて久しかったが、事態は明らかに彼女のもとで進行し、彼女が推進した政策の結果に他ならなかった。彼女の「改革」が資本主義の創造力を解き放つ筈だったが、それに代わって解放はシティの貸付創造能力をもたらし、倍々ゲームのレバレッジ・バブルの火をつけ、不動産価格を暴騰させ、開発資本で育成されるべきイギリス産業を飢えさせた。

だが、政治的非難は、サッチャーではなく、負債バブルが破裂したとき現職だった労働党のゴードン・ブラウンが浴びた。政治的解釈で危機の原因とされた財政赤字は、実はその結果だったが、その原因になるというよりも、むしろ経済の悪化を緩和した。しかしそうした事実は、政治の流れのなかで役に立たなかった。労働党は二〇一〇年の選挙で負けた。そして、二〇一五年の選挙では、労働党は政敵の解釈を素直に事実と受け容れ、屈辱を味わった。

同じような運命がカナダとオーストラリアの新首相、ジャスティン・トルドーとマルコム・ターンブルにふりかかりそうになった。そのあと数年にわたって両国は、深刻な経済停滞に苦しめられると見られた。というのは、成長率維持の唯一の方法は、負債をGDPよりも速く伸ばすことだったからだ。まさにそれが実行された。年率で負債の伸びは、カナダが三・八％、オーストラリアが五・七％、それにたいしGDPの伸びは、カナダがゼロ、オーストラリアが二％になった。それは起こり得ることだった。とくにオーストラリアでは、中央銀行がレバレッジをかけた不動産投機を誘導できた。金利を並外れた年一・五％からゼロ近くへ引き下げた。OECD加盟のほとんどの国がそうだった。だが、この傾向の継続は極めてあり得ないことだった。それには二つの理由があった。

第一に、その傾向が続くと、両国の民間負債は対GDP比で、二〇二〇年には二五〇％を超えてしまうだろう。それはOECD加盟主要国で最高レベルになるだろう。それを超えたのは小国のルクセンブルクと特異な属国である香港のみだ。

第二に、カナダとオーストラリアの企業部門は、二、三年のうちに負債レベルを低くしそうだ。というのは、両国における中国発の鉱産物ブームが過ぎ去るからだ。この企業部門の負債削減が、家計部門の負債増加を相殺するだろう。だから、バブルを維持するのに必要なだけの家計部門のレバレッジは、考えられなくなるだろう。たとえば、企業部門の負債が安定するには、埋め合わせるためカナダの家計部門の負債が、対ＧＤＰ比で九六％から、二〇二〇年には一四三％へと上昇しなければならない。オーストラリアは家計部門の負債が対ＧＤＰ比で一二五％と世界最高だが、一七〇％に近づかざるを得ないだろう。明らかにそれは起こらない。

その結果、両国は二〇二〇年よりも前に、深刻な経済危機に見舞われる可能性が高い。早ければ二〇一七年かもしれない。そうした危機で非難されるのはそのときの政権とその政策だから、カナダの場合、トルドーが選挙で掲げ、実行した財政赤字は非難されるだろう。

だが、実際には、危機の原因ではなく、トルドーの赤字政策は貸付の崩壊の影響を緩和するだろう(ただしターンブルの緊縮への転換はオーストラリアの危機を悪化させるだろう)。

ところが、負債が引き起こす特異な変化の力学のため、表面を観察する限り、つぎのように政治家は評価されることになる。つまり、負債バブルの引き金を引くか、それによって利益を得る政治家は、すぐれた経営者というわけだ。というのは、好景気をもたらし、財政を黒字にするからだ。他方、バブルのあとを引き受ける政治家は、経済政策で無能と責められ、深刻な不況に対応しなければならず、財政を赤字にする羽目になる。

そうしたわけで、一方の極の、アメリカの元大統領、ビル・クリントン(民主党)、そして他方の極の、オーストラリアの元首相、ジョン・ハワード(保守の自由党)は、ともに間違って、良き経営者であるかのように称えられた。だが、事実は、どちらも、権力の座についたとき、以前の民間負債による不況が終わって、新しく負債バブルが始まり、貸付によって活況に火がつき、税収によって財政が豊かになったという次第だ。

クリントンの場合、彼が政権についたのは、ちょうど貯蓄銀行危機(一九八〇年代半ばから一〇年間に起こったアメリカ地方銀行の破綻)のあとの負債返却が終わったときだった。主として(通信業界への)投資に向けられた企業負債がGDPと同じ速度で伸び始め、他方では家計負債も上昇を始めた。それらが合わさって、貸付による需要と負債による投資を発生させ、アメリカに最後の大きな技術進歩をもたらし、通信の拡張とインターネットの発展を推進した。実現された技術は確かに革新的だった。だが、その技術とそれを可能にした貸付が投機熱を導き、通信事業とドット・コム企業の株価を高めた。このバブルは破綻するしかなく、典型的なドット・コム市場の指数であるナスダックが、二〇〇六年三月に絶頂に達して破裂した。

破裂すると、再び企業の借入れは減少し、対GDP比六%から一%以下へと低下した。だが、企業借入れの低下が始まるとすぐに、家計部門の借入れが劇的に加速した。二〇〇〇年の五%から、二〇〇三~〇六年の平均約一〇%へと伸びた。

その結果、民間負債によって、二〇〇〇年のドット・コム破綻のため心臓が止まるようなことは起こらなかった。一九九〇年代の不況では、総貸付が対GDP比率で二%強まで低下したのにたいし、二〇〇一年不況では七%以下に下がらなかった。そして貸付は、サブプライム・ブームの絶頂に向けて一五%へと急騰した。というのは、家計部門への貸付が企業部門への貸付にとって代わり、銀行の主要な利益源になったからだ。家計部門の負債は、一九五〇年代から企業の負債とほぼ同じ規模で推移していたが、二〇〇五年には企業負債の一・四倍にふくれあがった。不動産投機への貸付が、民間銀行部門の主要な役割になった。

クリントンが政権から離れ、かなり経った頃に、投機バブルのマイナスの結果が感じられるようになった。そのため彼は——現在はヒラリーとともに——皮肉ではなく、子のほうのブッシュよりも経済の運営者として腕がすぐれていたことを吹聴できるわけだ。他方、ブッシュの在任期間に、貸付バブルの致命的な誤りが降りかかってきた。危機にたいする責任は、ブラウンになかったように、ブッシュにもなかった。それなのに、クレジット・カードでつくった家がつぶれたとき、現職だったばかりに子ブッシュは悲運に遭った。

私たちの政治と経済のシステムでは、負債が致命的な役割を果たす。というのは、民間負債バブルが、ふくれあがる過程で需要を刺激し、バブルが始まったときの現職が、効果的な経済運営で、いわれのない評判を獲得するからだ。そのあと破綻すると、財政支出の暴発が不運な現職者にふりかかり、国家財政のへまな番人だと責められる。つまり、政治システムが、維持不可能なブームの引き金を引く貸付の下僕を褒めそやし、ブームが破裂したときの現職を政治の犠牲者に仕立てる。

しかし、経済専門家が広める間違った考えがなければ、市民が間違った考えを編み出したりしないだろう。危機と危機後の真犯人は主流派の経済学者だ。というのは、彼らが政府につぎのように助言するからだ。実は貸付は良性で、民間負債の増大は警戒すべき原因ではなく、より大きな、より政治を支配する金融部門が経済にとって好適で、政府は赤字を避けるべきだなどとそそのかす(1)。

主流派経済学者の見解には、資本主義システムにおける貸付の役割——そして市場と国家の混合経済におけるマネー創出者としての政府の役割にたいする理解が欠けていた。それでも、経済の専門家というマントを与えられているので、彼らには耳が傾けられ、ミンスキー、グッドウィン、ゴッドリー、そして私のような異端者は無視される。

さらに主流派の無知な助言は、経済データにたいする市民のナイーブな受け取り方を支持する。それをイギリス保守党はたくみに利用して、二〇〇八年危機を財政赤字のためとなすりつけた。データを眺めるだけで、政府の黒字と好況が、そして赤字と不況とが一致するのが分かる。だから、赤字が危機の原因に違いないというわけだ。果たしてそうなのか。

実は、そうした考えは誤りだ。毎日太陽が東から昇り、西に沈むから、太陽が地球の周りを回っていると言うのと、同じくらい間違っている。現代でそう信じているのは精神異常者だけだ。だが、五〇〇年前までは皆の信念であり、プトレマイオス天文学の「専門家」の信念でもあった。

今では、コペルニクス的な宇宙観に教えられて、普通の人々が、「日の出」とか「日没」と言いつつも、地球が太陽の周りを回り、その逆ではないことを知っている。だが、それが決まりとなるには、ニュートンのモデルが組み上げられねばならなかった。ところが、経済学では、市民が世に認められる経済の専門家にガイドをたのむと、データのナイーブな受け取り方を強める主張を聞かされる羽目になる。

主流派経済学者たちは、絶えることなく——少なくとも二〇〇八年危機までは——金融部門の規制限除を主張してきた。そして彼らは(モディリアーニ－ミラーの命題*のような)経済学説を立てて、それによって負債金融を伸ばす先陣を務めてきた。四〇年にわたるネオリベラリズム(新自由主義)――その中身は政治哲学を装った入門程度の新古典派経済学――が、グローバル経済を、理屈の上では、経済学入門の教科書におけるモデルの世界そっくりに見えるように、つくり変えてきた。金融市場は規制を解除され、労働組合は解体され、世界的に関税は撤廃され、医療や教育や運輸のような基本サービスにまでも競争政策が当てはめられた。

それは時計仕掛けのように働くと想定された世界だ。だが、(より規則正しかった一九五〇年代や六〇年代にくらべて)働きが悪かった。GFC(世界金融危機)に見舞われたとき、時計が止まってしまった。というのは、この新古典派幻想の世界モデルは、現実世界の重要な要素を欠いていたからだ。あいにくだが、現実世界からそれを抹殺するわけにはいかないのだ。ここで問題になるのが貸付だ。現実世界は常に不均衡状態にある。それなのに、新自由主義の改革者たちによって、多くの、いわゆる「不完全さ」が取り除かれ、それにともなって資本主義本来の不安定性を軽減するフィードバック効果が失われた。

危機のあとになって、ＩＭＦのような新自由主義の支持者たちでさえも、この教義を放棄し始めた(Ostry et al. 2016)。だが、彼らが与えた損害は消されていない。彼らの経済運営の誤りのため、世界経済は民間負債を背負わされた。そのレベルは、以下に数値を集めてあるが、第二次大戦後においてのみならず、資本主義の歴史においても前例がない。それは図16(八九ページ)

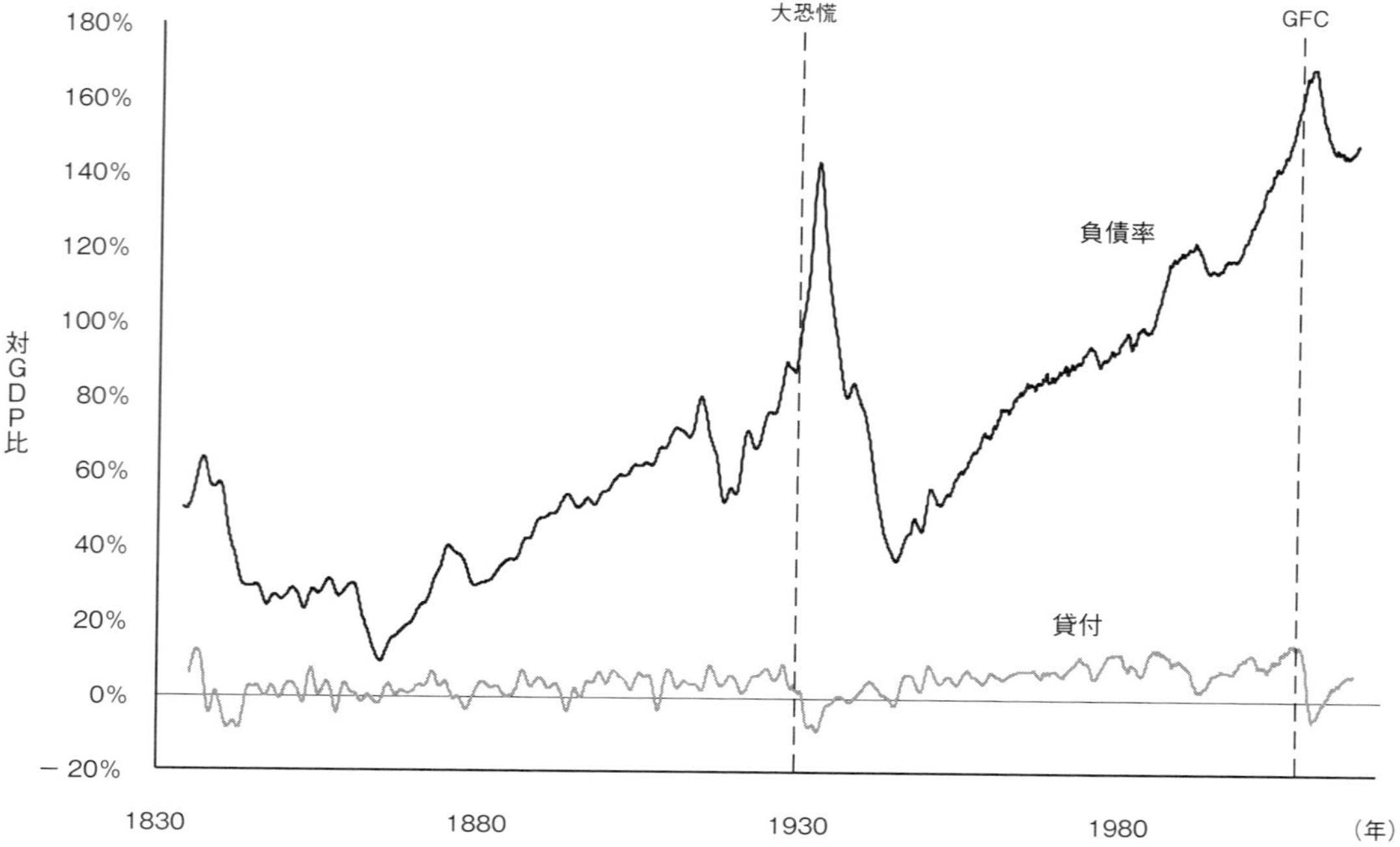

図 19　1834 年以降の米国の民間負債と貸付

——一八八〇年以降のイギリスの負債を記録する——から明らかだ。また一八三四年までさかのぼるアメリカの長期の負債データにも見てとれる(図19(2))。

第二次大戦後のイギリスとアメリカでは、それ以前にくらべ民間負債のレベルがかなり高い。この点が、おそらく進歩派——ミンスキーも確かに含まれるが——の「大きな政府」の提唱を阻むのだ。「大きな政府」が不安定な経済を安定させるひとつの方法だと、ミンスキーは主張した。だが、歴史記録が意味するところによれば、最終的に大きな政府は、不況下での政府支出の増加によって経済を安定させることなく、民間部門のレバレッジを増大させる。有名なミンスキーの考察、「安定性は不安定性だ」は、政府の政策にもあてはまる。つまり、長期にわたる経済の平穏(凪)——大戦後に大きな政府が資本主義に与えた平穏(凪)——は、過大な民間負債の危険にたいする甘い態度と、そして膨張した強すぎる金融システムとを助長した。

そうした罠から我々が逃れるのは容易ではないだろう。単に過去の誤りを直すのが困難なだけではない。政治的に受け容れられる経済政策にたいする固定観念があまりにも強すぎるからだ。根本的に言って、危機は過大な民間負債のためだから、途中でマイナスの貸付(貸付の引き揚げ)によって経済を破綻させずに、民間負債のレベルを低減させるのに必要なあらゆる手を、我々は尽くさねばならない。しかし、我々はそうしないだろう。少なくとも意図しては、やらないだろう。

6 シニカルな結論――金融危機は避けられない

市場メカニズムだけでは、負債の対GDP比率を下げることはできそうにない。というのは、大恐慌のなかでアービング・フィッシャーが見出した理由のためだ。それが「フィッシャーの逆説」に他ならない。それによれば、デフレ的な環境で負債を削減すると、「**債務者が返済しようとするほど、負債が増加する**」というわけだ(Fisher, 1933, p. 344. 強調は筆者)。まさに正味の負債追加がマネーを創出し需要を生むように、正味の負債返却はマネーを消失させ需要を減らす。とくに低インフレの環境では、それによって経済活動が低下する。つまり、名目GDPが減少し、資産売却による正味のキャピタル・ゲインがマイナスになる。その結果、名目負債が大幅に低減されたとしても、負債の対GDP比率の低下は僅かだ。というのは、同時に名目GDPも低下するからだ。

日本のバブルが崩壊した一九九〇年以降の経験が教えるように、政府部門の支出だけでは、民間部門の負債は低減されないだろう。二〇〇八年以降において、日本の財政赤字は、対GDP比で一五〇%から二二〇%へと増大した。だが、その期間を通じて民間負債は、約一六五%のままで変わらなかった。日本は政府支出のお蔭で不況を避けたと、リチャード・クーは主張するが(Koo, 2009)、それでも日本は、四分の一世紀前にはまった民間負債の罠から逃れることができなかった。

民間負債を減らすのに必要な政府支出の規模は大き過ぎて、第二次世界大戦のような危機のときしか受け容れられないと思われる。所詮、既存の資源を動員して、新しい資源の創出を可能にする手段として、マネーは脆弱なのだ。だが、存在が脅かされるような危機が起こると、我々はマネーの弱さを忘れ、それを動員して、そうした資源を直接的に生み出す。一九四〇年のイギリスでは誰も、兵器を生産しない理由として、「健全財政」を唱えたりしなかっただろう。そうしたならば、ドイツに侵入されるだけだったからだ。対GDP比で、イギリスの政府負債は一年間に四四%も増加し、戦時中に二二〇%から三四〇%へとふくれあがった。そのため間接的に民間部門の負債は、対GDP比で七〇%から三〇%へと低下した。公共支出の巨大な増加、それによって名目GDPが上昇したお蔭だった。

そうした存在への脅威がなければ、政府の赤字といっても、日本と似た程度だろう。額が小さいし、まだ民間負債レベルが高くても、経済が回復のきざしを見せたときには、たちまち財政赤字は中止されるからだ。今ではとくにそうなる。というのは、第二次大戦の始まりの頃にくらべて、現在の民間負債レベルがはるかに高くなっているからだ(対GDP比でイギリスの民間負債レベルは、大戦直前の七〇%にたいして、現在は一六〇%に達する)。

もし市場も間接的な政府の行動も、民間負債を充分に低減しそうにないとなれば、唯一の選択は、民間負債を直接削減するか、間接的に負債を減らすことになるマネーの供給を増すか、どちらかだ。現在のグローバルな経済を苦しめている問題の鍵は、民間負債だと正しく指摘した研究者は一握りだ(Bezemer, 2011a; Hudson, 2009; Keen, 2014; King, 2016; Mian & Sufi, 2015; Schularick & Taylor, 2012; Turner, 2016; Wolf, 2014; Bezemer, 2010)。そのなかでミアンとスフィ(Mian & Sufi, 2015, ch. 10)が負債の直接免除を主張する。他方、ウォルフ(Wolf, 2014)、ターナー(Turner, 2016)、キング(King, 2016)は、俗に言われる「ヘリコプター・マネー」を提案する。それはマネーを創出する中央銀行の権限を利用して、個人の銀行口座へ直接マネーを注入するというものだ。

どちらの提案も正当な反対に直面する。負債免除は、貯蓄する者よりも借金する者を優遇する。二〇〇九年には、そうした先行きにたいする否定的な反応が起こり、アメリカでティーパーティの躍進に大きな役割を果たした(Mian & Sufi, 2015, ch. 10)。他方、「ヘリコプター・マネー」にはそうした欠点がない。だが、必ずしも民間負債のレベルを低下させない。マネーの供給を増やして、負債の影響をただ薄めるだけだ。民間負債のレベルを戻して、貸付の減速が危機をまねかないようにするために必要な投入の規模も莫大で——対GDP比率で一〇〇%近くになる。

私はそれら二つの方法を合わせて用いるのを提案する。それを「モダン・デット・ジュビリー(現代の負債特赦、ジュビリーの原義はカトリックにおける罪の特赦)」[1]と私は呼ぶが、すべての民間の銀行口座に直接マネーを注入する。ただし、最初にそれを負債の返済のために使わねばならないとする。それによって、ミアンとスフィの提案のように、負債が直接低減されるが、借金する者が貯金する者よりも得することはないだろう。

この提案は、言うはやすしだが、行うはかたしなのだ。家計の負債は、企業の負債よりも捕捉しやすい。だが、負債契約の多くは、早期の返済を、不可能ではないにしても、困難にするような契約になっている。そして負債の証券化(金融商品化)が法的な地雷原をつくる。だが、ミアンとスフィの法的な救済方法よりも、こちらのほうが柔軟な方法だ。純粋のヘリコプター・マネー方式についてまわる規模よりも、小さな規模で試みることができるだろう。

だが、「現代の負債特赦」だけでは充分ではない。それで可能なのは、時計をリセットして、つぎの投機的な負債バブルを始めることでしかない。現在では、民間のマネー創出は、「カジノのような営みの副産物」だ(Keynes, 1936, p.159)。本来あるべき形——企業の投資や事業活動のための金融の結果(Schumpeter, 1934, p.74)——ではない。我々はバブルを起こす銀行貸出しを止めねばならない。そして銀行が、会社や事業家に貸すことで利益があがるようにしなければならない。

現行のシステムの最大の弱点は、実際に人々により高いレバレッジを求めさせてしまうことだ。同等の所得がある二人が、もし一軒の家を競って買おうとすれば、勝者はより多額の銀行ローンを得たほうだろう。これを防ぐには、買う資産にたいする銀行の融資額を、所得を稼ぐ能力の何倍かに限定すればよい。例えば賃貸による年収の一〇倍(実所得あるいは帰属所得)という具合だ。この規則を実施すれば(私はPILL; Property-Income-Limited Leverage, 資産—所得制限倍率と呼ぶ)、ある資産を買うためのローンの最高額はどの購入者にとっても同じになり、所得が同じ購入者にたいして、より多額のローンを得るよりも、より多額の貯蓄をするようなインセンティブ(動機づけ)になるだろう。

だが、このような改革だけでは、銀行にとって利益が出るビジネス・モデルとはならない。そしてマネー供給の伸び率も低下するだろう。というのは、政治家も市民も「健全財政」の神話にとりつかれているからだ。それは政府が「収入の範囲で生活し」、つまり、税収以上に支出しないことを主張する。確かに、「モダン・マネタリー・セオリー(MMT、現代金融論)」*の提唱者たちが正しく指摘するように(Wray, 2003)、社会で収入に制約されない唯一の機関は政府だ。というのは、社会で「自分自身の銀行——中央銀行——を所有する」唯一の機関だからだ。中央銀行が財務省債券(国債)を買うことによって、政府支出は融通される。その程度に応じて、マネーが創出され、それによって政府支出は税収を超えることが制度的に可能となり、それでいて現世代にも将来世代にも負担をかけないでも済むのだ。

政府がマネーをうまく使うかについて、あなたがどう思おうが、政府が税収以上を支出するときには、流通するマネーの量が増えて、それが民間部門の活動へ融資される。長期的に政府の収支が均衡しなければならないという信じ込みは、実は、中央銀行がマネー創出の役割を放棄し、もっぱら民間銀行にそれをゆだねるべきだという信じ込みに他ならない。ところが、この一〇年ないし二〇年我々が見てきたのは、中央銀行がその責任をみごとに果たした結果だった。

イギリスの「ポジティヴ・マネー」やアメリカの「アメリカン・マネタリー・インスティチュート」などのロビー・グループはこの点を意識して、民間銀行のマネー創出能力を停止せよと提唱する。そして政府（ないし独立の政府機関）のみに、そうした権能を付与せよと主張する。[2] だが、それでもそうしたシステムのなかで銀行は役割をになう。銀行は、（貯蓄口座ではなく）投資口座に預けられたマネーを貸し出すときは、貸出し金利と預金の金利との差だけを裁定（鞘抜き）して、またはマネーを中央銀行から直接借りた場合は、貸出し金利と中央銀行の金利との差だけを裁定して、利潤とするようになるだろう。

そうした提案をする気持ちは分かるが、しかしそれは行き過ぎだと、私は思う。というのは、裁定による利潤だけでは、銀行に企業へ貸し出すように仕向けるには足りないからだ。また起業家たちも、提案されるようなシステムのもとでは、資金を現行のようには得られなくなるからだ。

現在は、銀行には、起業家に資金を提供しなくてもかまわない正当な理由がある。もし提供すれば、おらく五件に四件は、起業家たちが破産するだろう。銀行は、生き残った一社からの利息しか稼ぐことができないだろう。それは貸付ビジネス・モデルとして成功ではない。だが、ヴェンチャー・キャピタル企業のビジネス・モデルとしては成功だ。ヴェンチャー・キャピタルによる起業家への投資はマネーを創出しないのにたいして、銀行からの貸付はマネーを創出するのだ。

我々は両方を合わせることができるだろう。「エントルプレネヤーリアル・エクイティ・ローンズ（EEL）」、企業株ローン」を認めるならば、銀行は、ローンを設定するのではなくて、株式を持つことができる。つまり、「ＥＥＬ」の発行によって、起業家のためマネーを創出し、銀行にとっては、融資先のヴェンチャーの株を持つことになる。それでも五つのうち四つの起業家が失敗するだろう。しかし、銀行は、成功した一社から配当とキャピタル・ゲインを得るだろう。

ところで、仮にすべての貸付が信頼できるとしても、資本主義が金融危機を起こすことを、我々は受け容れねばならない。ミンスキーが主張したように（そして私の簡単なマクロ経済モデルが証明したように）、仮にすべての投資の目的が生産のためであったにしても、危機は起こり得る。というのは、金融システムは、「投資意欲を加速させる信号を発生し、加速する投資にたいし金融をつけることが可能だ」（Minsky, 1969, p. 224）からだ。ブームと破綻は資本主義の特性に他ならない。だから、民間負債の対ＧＤＰ比の上昇傾向が予想できるのだ。一九四五年からアメリカの民間負債が、金融システムを改善したにも拘わらず、伸び続けてきたのがその例になる。これに対処する唯一の方法は、現在インフレや失業率がそうであるように、民間負債の対ＧＤＰ比を経済運営における重要事項に指定し、そしてマクロ経済の統御の道具として、国家がマネーを創出する権能を行使することだ。とりわけ、民間負債が危険なレベルへと近づき始めたとき、つまり、まだ対ＧＤＰ比が一〇〇％よりもかなり低く、つまり、手綱が効かなくなった金融によってもたらされた現在のレベルよりもまだはるかに低い時点で、国家のマネー創出権を行使することだ。

そうした銀行業務とマクロ経済運営にたいする改革が、よりよい銀行システム、そしてより安定した、だが活力のある資本主義経済をもたらすと、私は信ずる。だが、そうした改革が実行されるチャンスがほとんどないと、私は信ずる。そこで、どうするかだ。

第一に、選択の余地がないのだが、負債と貸付の今の傾向が続いたときの結末を認めることだ。私が負債ゾンビ候補と認定した九ないし一七の国々は、数年のうちに信用途絶の危機に苦しめられ、すでに負債ゾンビである九カ国に加わるだろう。その九カ国とは、一九九〇年からの日本、二〇〇八年からのアメリカ、デンマーク、アイルランド、オランダ、ニュージーランド、ポルトガル、スペイン、イギリスだ。それが起こったとき、世界経済の主要な部分は、過大な民間負債のため停滞に落ち込み、四分の一世紀にわたり日本を苦しめたような経済苦を体験するだろう。

しかし、この章で概略を述べたような政策を採用すれば、中程度の困難に遭うだけで、今の罠から脱することができるかもしれない。だが、その実行はおろか、権力へのとば口で議論されることすらありそうにない。というのは、今の権力ブローカーどもは、主流派経済学者が組み立てた経済の幻影に束縛されたままだからだ。

ここで示唆されたような政策と改革は、主流派経済学者の助言が信頼できず、それに代わって非伝統的な政策に賭けるに値すると、政治家を説得するかどうかに懸かっている。だが、もしそれができたとしても、多くの人々がそうした政策に反対する。というのは、経済にたいする同じような非現実的な見方によって形成された経済観と道徳観のためだ。人々は銀行にたいする負債を、個人間の借金と道徳的に同じと扱う。返済ができなければ、貸し手にたいして文字通りの損失をかけると考える。この誤解は主流派の銀行モデルに助けられ、そそのかされる。それによって、銀行の

「マネー工場」としての役割が忘れられる。「マネー工場」であることによって、定期的に過剰な負債がつくられる。それなのに、銀行は「マネーの貯蔵庫」であるかのように構えている。つまり、人々が預けたマネーしか貸していないように装っている。

そんなモデルが政治家や一般大衆を支配する限りは、意味のある改革は骨の折れる戦いを強いられるだろう。仮に提案にたいし金融部門の抵抗がなくてもだ。その抵抗たるや、巨大だろう。主流派経済学者たちに彼らの世界観の誤りを認めさせる点では、より進歩があった。一〇年以上前に私が経済学の改革のため運動を始めた頃にくらべて、格段の進歩だ(Blanchard, 2016; Kocherlakota, 2016; Romer, 2016)。だが、提案が臨時に採用されるのにすら、一〇年はかかるだろう。しかし、欧米の細分化された社会がさらに一〇年にわたる経済停滞に耐えるとは、私には思えない。

このような政治の麻痺によって、多くの市民が、国家なり銀行なりの資金なしで商売をすることが可能かどうか、考えるようになった。多くは二〇〇八年危機で自身がやけどしたのにたいする対応だった。貸付が枯渇し、銀行が予告なしにローンの返済を要求してきた。彼らには間違った経済理論を捨てねばならないというハンディキャップがないので、中央銀行でマネーを供給する番人たちよりも、マネーについてははるかにすぐれた理解を持つようになった(イングランド銀行という名誉ある例外があるが、McLeay et al. 2014)。とくに注目すべきは、何人かの起業家たちは、ミンスキーの考察、「原理的に言って、いずれの単位もマネーを創出できる――ただ問題はそれを受け取らせることだ」(Minsky, 1986, p.86)を理解して、一連の並行通貨(パラレル・カレンシー)を創出したことだ。

そうした非銀行の民間マネー供給者は、不換紙幣発行者としての政府という地位もなく、利用予定者から見れば、不換紙幣を合法化できる銀行免許もない。そのため、その不換紙幣で徴税する権能、あるいは登録された銀行としての信頼、そのどちらでもない何かを必要とする。それらに代わる案として、三通りが考えられる。第一は、価値の高い商品を通貨とすることだ。第二は、並行通貨を使って商品を市場価値で交換することだ。第三は、登録された銀行に匹敵する安全な貯蔵能力を持つ、暗号化されたデータの貯蔵システムだ。

第一案は直ちに否定される。というのは、昔は金(ゴールド)がマネーだったという神話を信ずる、金本位制論者が世界中にあふれているのに(Graeber, 2011)、価値の高い商品は、金はもちろんだが、マネーとして使うには量が充分ではない。そうした商品を基にした並行通貨システムを私は知らない。

他方、第二案の交換を基にするシステムだが、少なくとも一九九一年、「バーターカード・オーストラリア」が設立されたときから存在した[3]。現在それは八カ国で運用され、取り扱い高は年六億(米)ドルに達する。主として商業の末端の小売などの小企業が利用する。交換価値の基本単位は、どこで運営されるにせよ、地域の通貨の一単位とする。最近の一例はＩＥＸ　Ｇｌｏｂａｌだ[4]。富裕な個人と大企業にマネーなしの取引ができるように設計されている。参加者は、資産なりサービスを売るには、最低一〇〇万(米)ドル相当(地域通貨で同等の額)を基金として提供しなければならない。そして取引できるVbondという債券が発行され、交換所であるIEXで売りに出される資産や製品を買うのに使える。

第三の暗号貯蔵システムでは、ビットコインが仮想通貨としてもっとも知られている。その根幹の着想は、現行の「三角」通貨システムを超えることだ。三角システムでは、支払いには買い手、売り手、そして取引を記録する第三者(銀行)が必ず必要だ(Graziani, 1989, p.3)[5]。それにたいし二辺しかないビットコイン・システムでは、コンピュータ内のプロトコール(定められた手続き)が取引を記録し、偽の取引や蓄積されたマネーの盗難を不可能にする。だが、当然そうしたコンピュータ手続きは、計算時間や消費電力の点で高くつき、そして時間がかかり非常に遅い。またビットコインの価値は、毎日使うマネーの代替として機能するには、不安定過ぎる。ただしその「ブロックチェーン」技術は、計算が困難なので、銀行の偽造防止方策に代わるものを仮想通貨に与えるが、まだビジネスの記録保存を革命化するには至っていないようだ。だが、仮想通貨そのものが銀行券の有力な代替手段になる道が存在する。

これらのシステムが、銀行と完全に入れ替わるのはもちろんのこと、現在の民間銀行を基盤とする金融システムの失敗を埋めるだけのレベルまで規模を拡大できるとは、私には信じられない。だが、負債によって創出されたマネー本来の性質と、それにたいする主流派経済学者の不適切な扱いとの両方から、信用途絶が起こり、それに世界が苦しめられる。そこで、経済活動を増すための代案が必要になる。前述の並行通貨システムが必ずつぎの経済危機につけこんでくるだろう。危機のため動かなくなった商品や資産を背負った犠牲者たちにとって、いくらかの救いになるだろう。もしそれらの一部が大きな規模で成功すれば、ついにはそうした実際の経験が、頭でっかちの議論よりも強い力を銀行システムの改革に及ぼすかもしれない。

だから、本書が提起した問題にたいする答は、負債ゾンビ候補の金融危機は回避できないとなる。その理由は、過大な民間負債と貸付への過大な依存という経済的条件が、すでに組み込まれているためだ。その第一の原因である民間負債の過剰を我々が無視する限りは、「負債の生ける屍」の経済停滞から逃れることはできないのだ。

そうした危機の衝撃を劇的に軽減できるかもしれない。ただしそれは、もし政治指導者と彼らの経済顧問が、危機が負債バブルによって起こる経過を理解した場合に限られる。そして、もし彼らが国家のマネー創出能力を行使する意志があり、それによって危機のあとの過剰負債の突出(オーバーハング)を削減すれば、我々は停滞から脱出できるかもしれない。しかし、彼らはそれを断行しない。だから、今から二〇二〇年にかけて、負債ゾンビの候補である国々では、危機は避けることができないのだ。そのため貸付による需要が落ち込み、世界貿易という風すらも帆をはらますことはないだろう。そうした結果は、世界規模の停滞だ。それは「長期停滞」信奉者が主張するように、科学者や技術者が新しいアイデアに欠けるからではない。現実の世界が繰り返し誤りだと証明してきたにも拘わらず、主流派経済学者が、資本主義の本質にたいして、相変わらず間違った考えにしがみついているためだ。

経済用語辞典

（本書の歴史的な社会的文脈を把握するため最低限必要な用語を出現順に解説、括弧内の数字は本文のページ）

マネー（v）

本書では、通貨（カレンシー）とマネーはきびしく区別される。その方針に従って、原書のMoneyは「マネー」と訳してある。なおCreditは「信用」ではなく、「貸付」と訳した。また本書では政府負債（財政赤字）よりも、企業や家計の借入れ＝「民間負債」が重視されるので、ただdebtではなく、いちいちprivateが冠せられている。訳でも忠実にそれに従った。

本書を初めて読む場合は、マネーとは、流通する貨幣や紙幣だけでなく、預金はもちろんだが、株券や社債や国債なども含め、姿を変えたりして、取引や金融などの経済活動を媒介するものと、通常よりは広く解しておけば、それで構わない。読み進むうちに、マネーとは、貸付（＝借入）によって創出されるものであることを考えさせられるだろう。そうしたマネーの本質については、「モダン・マネタリー・セオリー」の項でふれる。だが、どこまで気にしなくても、本書は、何の不自由も感ずることなく、充分に理解できる。

金融不安定性仮説（xiv）

アメリカの経済学者、ハイマン・ミンスキー（一九一九〜九六）が、資本主義は本来的に不安定なことを、金融危機の起こり方を通じて解明し提唱した。

今では画期的と高く評価される一九七二年論文と一九七七年論文だが、発表当時は学界で理解が得られにくかったので、彼が控えめに一九七七年論文の表題に「仮説」の一語を挿入したため、定説ではないかのように受け取られ勝ちだった。だが最近では、とくに二〇〇八年の危機のあとは、各国の中央銀行などでも広く認められ、金融についての議論で土台の役割を果たすようになった。

一九七七年論文では、金融は「不確定性」が決め手で、その度合に従って、「ヘッジ（損失にたいする防衛）」から「スペキュレーティヴ（危険に賭けて利潤を得る投機）」を経て、最後に「ポンジー（詐欺まがいの貸借、ポンジーは詐欺師の名前）」へ、金融が質的に変容し、ついに金融破綻に到る過程が摘出された。貸付を元に投資を増すと、返済に窮し、金利が上昇し、さらに貸付を受けねばならない悪循環に落ち込み、より危険な投機に手を出すためと説明される。

ミンスキーは、「ポンジー」とは、貸付を返済するに足るだけの利潤が得られない投資、換言すれば、貸付＝負債の増大のため金利が高騰する条件下で、なおも進められる投資、そのため結果的に「詐欺」になる投資と規定した。当事者の思惑を「詐欺」と判定することに、主たる関心があるのではない。だます意図がなくても、ある段階以後の投資は「ポンジー」とならざるを得ない。そのような資本主義の本質を、ミンスキーはずばりと突いた。

『雇用・利子及び貨幣の一般理論』（四）

一九三六年に刊行されたジョン・メイナード・ケインズ（一八八三〜一九四六）の主著。二〇世紀を代表する世界の知的遺産。それだけに多様な読み方が可能だし、またそれが求められる。ただしこの解説では、経済書としての読み方に限定するが、それでも少なくとも三通りの読み方が挙げられる。

第一は、人間として端的な――カジュアルな、インフォーマルな――読み方だ。「アニマル・スピリット（リターンのためリスクに賭ける衝動）」が、失業をともなう金融危機の元凶だと、剛毅木訥な、あくまでも核心を見失わない読み方だ。

第二は、経済政策書として、ないしは教科書として読む――フォーマルな――読み方だ。非自発的失業は有効需要の不足が原因だから、解決には政府が赤字にとらわれない支出によって需要を喚起すべし、という通常の読み方だ。

第三は、どのようにしてケインズの説が形成されたかを探る――ヒューリスティックな、発見法的な――読み方だ。

ケインズがもっとも主張したいメッセージは何か、補われるべきことは何か、そして、衣鉢を継ぎ、匹敵するような提言をするには何が大切か、などについて考究するのに必要な読み方だ。

一九二九年秋にアメリカで始まりイギリスも襲った大恐慌にたいして、イギリス大蔵省が金融を引き締めるという間違った政策を打ち出した。それに反対してケインズは、一九三〇年に『金融論(セオリー・オブ・マネー)』を発表した。すでにそのなかで、貯蓄よりも投資が下回ると、需要が低下し、雇用が減少するだろうと訴えられていた。その論拠を補強したのが『一般理論』だ。

旧説を打破するには緻密な検討を要する。緊急事態にそれを可能にするため、彼に学んだ若い研究者のグループ(ケンブリッジ・サーカス)が、ケインズの草稿を読みコメントを加えるなど、組織的に協力した。なかでも貢献度が大きかったのは、ジョーン・ロビンソンとリチャード・カーンだろう(他のメンバーの寄与をここで割愛するのは忍び難いが)。ロビンソンは、「総需要」と「有効需要」という理論的支柱でケインズを強く後押しした。カーンは、「(投資がつぎの投資の原資をもたらし、効果が何倍にもなる)乗数効果」を提唱し、それによって総貯蓄と総投資が長期的には等しくなり、総需要を、ひいては雇用を決める、というように道筋をつけるのを助けた。若い世代の提案を受け容れる柔軟性を、ケインズが持っていたのだ。

一九三〇年の『金融論』刊行の直後から、ケンブリッジ大学での講義を通じて構想が進められ、三二年の段階では見られなかった「有効需要」が三三年には登場し、三四年には「アニマル・スピリット」に言及される第一二章がほぼ固まった。三五年一二月に脱稿し、翌年に出版された。

それから三年後の一九三九年にフランス語版が出されたが、それに寄せられたケインズの序文が、著者自身によるもっとも簡潔な主題の要約になっている。またこの序文では、ケインズの方法の要諦は、「イギリス経済学の正統に従いつつも、それからの解放を期することだ」と述べられている。

そうした確固たる方法的自覚によって創造されたのが『一般理論』だ。その真骨頂はどこにあるのか。(正統に従おうとして)ミクロからヒントを得ながらマクロを捉える。だが、マクロをミクロに還元しない(正統からの解放を期する)。総需要に立脚するが、それを個々の需要の総和とはしない。全体は部分の単なる集まりではない。それでありながら総需要は変化する。投資や利子や雇用との絡み合いのため変化する。それを追究するに際して、みだりに要素を多くし、関係を複雑にしすぎると、深く突き詰められない。だから、相互に影響し合う要素を限定しておいて、相互の影響の結果を徹底的に突き詰める(正統に則っているが、革新を遂げる)。このアプローチは、現在の「複雑性」の研究へとつながっているとするよりも、それを先取りしていたとさえ見ることができる。

IS-LMモデル(四)

ケインズの『一般理論』が出版された八カ月後、ジョン・ヒックス(一九〇四〜八九)が考案したモデル(発表は一九三七年)。ケインズの所説を理解しやすくするのが当初の目的だったが、彼の思想の根底にある「不確定性」とそのもとでの「期待」を軽視した非を、一九八〇年にヒックス自身が認めた。現在では、純学理としては価値なしとして否定される。

だが、間違っていても、モデルの振る舞いを描いたグラフが、ケインズ説の導入を媒介しただけでなく、それ以上にさまざまなマクロ経済の側面を説明するのに役立てられたため、人口に膾炙し、マクロ経済とくれば、IS-LM曲線図となってしまった弊害が依然として続く。

とは言っても、初見で氷解とはいかない。図の読み方には習熟を要する。グラフの縦軸は利子率、横軸は産出(GDP)。右下がりの線がIS曲線、Iは投資(インヴェストメント)、Sは貯蓄(セイヴィング)を意味する。利率によってIとSの均衡点が変わる。その点の値をつなげたのがIS曲線だ。

利子率が下がると、それに対応し曲線のほうの値も下がり、それに対応し産出が大きくなる。この関係を援用して、中央銀行が金利を安くすれば、生産が高まり、ひいては雇用が増えるなどと、金融政策の効果の説明に使われる。

他方、右上がりの線がLM曲線、Lは(リクイディティ、流動性選好、現金を手元に置きたがる度合)、Mは(マネー・サプライ、マネー供給)を意味する。利子率が変わると、両者が均衡する点が変わる。その点の値をつなげたのがLM曲線。利子率が高まると、投資が盛んになり、GDPが増し、ひいては雇用も伸びる。この筋道を喧伝して、貸付=民間負債を膨張させ、金融危機の下地をつくったことも否定できない。

そしてＩＳ曲線とＬＭ曲線の交点が、ＩＳＬＭの四つが均衡する点で、そのときの利子率が公定の利子率として社会的に認められるというわけだ。

ヒックスがケインズを歪曲したと批判されるのは、まさに「均衡」へ、すべての議論を持ち込んだ点にある。せっかくケインズがその四つの絡み合いで全体が変動して已まないと問い詰めたのに、古典的な需要と供給の均衡（供給が需要を決定するとするセイの法則）へ、ヒックスが先祖返りさせてしまった。ケインズ説を分かりやすくしたかに思われたのは、実は肝心のダイナミズム（動態）を消し去って、馴染み深い静的な古典へ戻したからだった。

また、だから、ＩＳ－ＬＭモデルは、新古典派、そしてニュー・ケインズ派によって、非常に重用されたわけだ。

それでも、当然と言うべきか、二〇〇八年の金融危機から一〇年が経過し、その間の反省からヨーロッパで学部向けの経済学教科書の書き換えが進み、ＩＳ－ＬＭモデルを完全に撤廃したものも現れた。ただし、いずれも本書のように複雑性を正面に据えるにはまだ到っていない。過渡期と見るべきか。まったく仮の話だが、代わりに採用されるとすれば、本書の図５に類するものになるかもしれない。そうなれば、経済学のトーテムの交代だ。

それに反し相変わらず日本の教科書ではＩＳ－ＬＭモデル全盛で、公務員採用試験でも最高の出題頻度を記録している。陸上競技にたとえるならば、同じグラウンドを走っているが、周回が違っているという感じだ。

最後に疑問として残るのは、なぜケインズがヒックスの解釈を直ちに否定しなかったのかだ。ケインズが心臓発作で倒れたから、公務で忙殺されていたからなどが、理由として挙げられる。だが、いずれも根拠薄弱だ。ケインズには、ヒックスのモデルがこれほど絶大な影響を及ぼすとは、とても思えなかったからではないか。

愛弟子のロビンソンが、一九七五年に「バスタード・ケインジアニズム」とこきおろしたが、もはや手遅れだった。

新古典派マクロ経済学（五）

ミクロ経済学に基づくと称する現在の主流派マクロ経済学（前項と訳者解説参照）。

DSGEモデル(五)

動学的一般均衡モデルと訳される。肝心のS(ストカスティック、確率的な)が訳では省かれているが、変動(ショック)が確率的に(ストカスティックに)起こる経済の動態(ダイナミックス)を想定する。その全体(一般、ゼネラル)が達するだろうと想定される均衡(イクイリブリアム)を見出せるように、方程式を組み合わせる。そうしたモデルの成り立ちと目的が、名前には籠められている。

もっともよく使うのは先進国の中央銀行だ。一方では経済の動向をDSGEモデルによって、他方ではマネーの流れだけを別の単純なモデル(テイラー・ルールの修正版)によって、それぞれシミュレートし、それらの結果を総合的に判断し、政策を決める際に参考にする。ひとつの壮大な総合モデルができているわけではない。

モデルを構成する部門の概要、一般均衡を求めると唱えながら、初期のモデルではマネーも金融部門も明示的には存在しない矛盾というか欠陥、それが原因の金融危機の見過ごし(そもそも視野に入れていない)などは、本文で的確に指摘される。

モデルの数理を追うのは、経済学者でも、この分野の専門家を除いて困難だろう。数式なしで、さらに詳しく学びたい向きには、世界的につぎが推薦されてきた。Narayana Kocherlakota, *Modern Macroeconomic Models as Tools for Economic Policy*, 2009. 主流派経済学の長老からのきびしい批判として、ロバート・ソローの米下院委員会でのつぎの証言が必読とされる。Robert Solow, *Building a Science of Economics for the Real World*, July 20, 2010. 両文献ともにWWWを通じてアクセスできる。

「リアル・ビジネス・サイクル」モデル(六)

RBCと略称されるが、ビジネス・サイクル(好況と不況の循環)は、リアル(金融を除外した実物経済)だけによって起こると牽強付会するモデル。一九七七年にロバート・ルーカス(一九三七〜　)が提唱し、現在は主流派マクロ経済学で用いられるDSGEモデルの母胎として役立てられる。彼はシカゴ大学でマルクス主義歴史学から、対極と目される新古典派経済学へ転向し、RBCと並行して「合理的期待仮説」を提唱し、シカゴ学派の「淡水」っぷりを発揮した。マクロ経済学に貢献したとして一九九五年にノーベル賞を与えられた。受賞講演の表題は「マネーの中立性」で、彼の活動の一貫した目的がケインズ学派打倒だったことを物語る。

淡水と海水（六）

アメリカの主流派経済学の内部で（とくに一九七〇〜八〇年代に）見られた微妙な思想の差異。地理的に五大湖（淡水）に面する地域の大学と、大西洋と太平洋（海水）に面する地域の大学との間で、経済学部の学風についてつぎのような対比が注目された。一九九七年に初めてスタンフォード大学のロバート・ホールが指摘した。彼は、ロシアなど東欧で採用される一律課税の提唱で有名だが、彼自身は海水派に属する。

淡水派	海水派
合理的期待	束縛された合理性
効率的な市場	市場の失敗
反ケインズ	向ケインズ
小さな政府	大きな政府
共和党寄り	民主党寄り

連邦政府との関係の濃淡を水質の差異で隠喩したと受け取られてきた。そもそもは、七〇年代のマクロ経済学の最大のテーマ――「不確実な将来にたいする人々の態度をどう捉えるか」――についての態度の相違から、この呼び方が始まったと分析される。

ニュー・ケインズ派（六）

マクロ経済学の現在の主流派は、すなわちニュー・ケインズ派に他ならない。アメリカはもちろんだが、世界的にもそうだ。現行の学部向けの教科書も、これを基調にして書かれている。

ケインズが、失業は有効需要の不足が原因だと提言した。それを補足するためなどと称して、需要の減少に応じて賃金が低下すれば雇用は維持されるが、賃金が高止まりするから、しわ寄せとして雇用が削減され、失業が生ずると分析されるようになった。この立場がニュー・ケインズ派だ。マクロ経済の歪みをミクロ経済で説明しようとして、たとえば変化に対応する際の時間遅れ、余分にかかるコストなどを挙げる。

マクロとミクロの関連について関心が強く、ＤＳＧＥモデルの開発と利用も、この派を中心にして進められてきた。

新古典派総合（一一）

アメリカの経済学教科書のロング・ベスト・セラー『経済学』（初版は一九四八年）の著者、ポール・サミュエルソンの造語。この教科書によって世界中に広まった。

教科書の立場は、マクロ経済ではケインズの指針（有効需要により雇用確保）に立脚し、ミクロ経済では新古典派に従う。ポリティカル・エコノミックス（アングロサクソン的教養の伝統につながる経世論）のアイビー・リーグ版。

総合と言えば聞こえがよいが、論理的には矛盾するのを不問に付して、折衷によって、社会的には福祉政策を、経済的には競争政策を正当化し、五〇年代から六〇年代のアメリカを支えた。日本の高度成長でもバイブル的な役割を果たした。本書の著者は、教科書として読んだ最後の（それに近い）学生だったのではないだろうか。

「新古典派総合」の初出は一九五五年の第三版だが、六〇年代末、アメリカ経済の雲行きが怪しくなってきて、スタグフレーション（景気停滞なのにインフレ）を説明しきれなくなり、ケインズへの信頼がゆらぎ始めたためか、第八版（一九七〇年）以降は姿を消した。その直後から、ロバート・ルーカスたちが注目されるようになった。七〇年代は経済学にとって大きな節目だった。

ゾンネンシャイン－マンテル－デブリュの定理（二一）

相互に関係し合う多くの市場から成り立つ経済では、そもそもひとつのユニークな（他とは異なる独自の）均衡は存在し得ないとする定理。定理の名前になっている三人によって、独立に一九七三年から七四年にかけて提唱された。だが、主流派マクロ経済学にとって、危険思想として排斥される。マクロ経済をミクロ経済の理論で説明できなくなるからだ。

複雑性(二八)

多くの要素の相互関係がもたらす状態、全体が部分の集合ではない状態、要素や相互関係の量的な膨大さではなくて、個々の要素や相互関係には存在しない性質が発現される質的な状態に限って、それを複雑性と規定する。存在しなかった状態が創出されることを、とくに「エマージェンス、創発」と呼ぶ。

とかく複雑だから手に負えないと尻込みされ勝ちだが、それとは真逆なのが、本書の著者の立場だ。要素的には単純でも、絡み具合が複雑であれば、つまり、加減算的でなく、乗除算的、あるいはべき乗的であれば、非線形な変化が発現する。要素と関係を限定して、それでいて複雑性を追究する。敢えて言えば、出発が単純でなければ、複雑になり得ないと前提する。複雑なままでは、どのように複雑なのか、なぜ複雑なのか、を考究できるわけがない。

ミンスキー・モーメント(九〇)

過大な投機による債務スパイラルのため、資産の投げ売りの伝染が始まる契機。金融危機の不可避性を提唱したミンスキーの名にちなみ、一九九八年のロシアのデフォルト(支払い不能)に際して造語された。

二〇〇八年九月の世界的危機は、前年の四月、中堅の住宅金融会社、あるいは同年六月、大手の投資銀行、ベア・スターンズの影の銀行が破綻した時期と言われる。一九二九年一〇月に始まった大恐慌については、ミンスキー・モーメントがいつだったか、時期が絞られていない。長く平穏な時期が続いたあと、突然それは襲ってくる。

モディリアーニ-ミラーの命題(一〇三)

企業の価値は、資金調達が株式でも貸付(借入)でも、つまり、資本の構成が違っても、変わらないという純理論的な命題。一九五八年にモディリアーニとミラーによって唱えられ、過大な貸付(借入)を問題視しないために利用された。

この命題が成り立つのは、完全市場という条件下に限られる。金融論での完全市場では、手数料なし、利益にたいする課税なし、情報は無料で全社会に瞬時に伝えられ、金融資産は無限に分割可能で、空売り可能とされる。だが、現実の市場はそうではないので、まったくの空論に等しい。

モダン・マネタリー・セオリー（一一）

現代金融財政理論とでも訳すことができるが、一般的すぎると響くためか採用されず、まだ定着した邦訳はない。MMTなどと略記される。

この呼称を思いついたのは、ビル・ミッチェルと言われる。二〇一二年にランドール・レイが出した著書のタイトルに用いられ広まった。彼らの心底にあったのは、ケインズの『一般理論』の基になった『金融論』だったと思われる。その現代版という心組みだ。彼らの所説を深めていけば、第二の『一般理論』が書けるというのが、彼らの抱負なのだろう。

ケインズのひそみに倣って、マネーの特性を検討し直すことによって、雇用と景気安定（失業とインフレ）というマクロ経済の、ただし短期の、二大課題を追究する。マネーの特性については、本文七八ページ参照。マネーの変幻自在の役割の解明の側面に目を奪われ、彼らの所説を「マネー論」とでも半ば誤解した紹介が散見されるが、本質はれっきとした「現代マクロ経済論」だ。主流派の「均衡前提」を否定し、経済を静態ではなく「動態・ダイナミズム」として捉える反主流派と志を同じくするところから、MMTはポスト・ケインズ経済学のひとつの分野とする位置づけ方もある。

中央銀行は、半ば無制限にマネーを創出できる。ただしインフレと経常収支の赤字をごく穏やかな程度に保つ限り、という制限がつく。このマネーの性質を活かして、需要と雇用を保つ。民間銀行は貸付によってマネーを創出する。ただし野放図な貸付で民間負債が膨張して、返済できなくなり、金融破綻をまねくのは避けねばならない。

極めて大雑把に言えば、これがMMTの説くところだ。主流派マクロ経済学がひたすら市場の自由を護ろうとするのにたいして、MMTが属するポスト・ケインズ派は、社会的資源の創出と分配について研究し提言する。

訳者解説

本書の原表題はSteve Keen, *Can we avoid another financial crisis?* Polity, 2017だ。「次なる金融危機は避けられるか」にたいして、答は「ノー、回避不能」で、「いつ起こるか」は絞れないが、「どこで起こるか」は、民間負債が過大な国だと明言される(第4章)。

証拠づけるため、モデルが組まれ、模擬テスト(シミュレーション)が重ねられた。民間負債がふくらむなかで、格差がひろがり、消費が落ち込み、不景気のため負債を返すだけの利益が上がらなくなり、ついに支払い不能＝信用途絶＝金融危機に到る(第2章)。

一連のシミュレーションによるそのような経過が、歴史と完全に合致した。だから、次なる金融危機も同じ道筋をたどる。この結論が、本書のつきつけるメッセージだ。

日本語版のため、特別に序文が寄せられたが、日本にとって「民間負債の減額」が肝要だと説かれる。内外の識者の処方と異なり、含蓄の真剣な検討が求められる。本書を読破したあと、日本語版序文にもどることによって、含蓄を的確に把握し、著者の配慮に報いることができるだろう。

複雑怪奇な経済の動態(ダイナミズム)に幻惑され、とかく木を見て森を見失う。そうならないため、探偵小説を読むときの心得——真犯人を見損なうな——が引かれる。その伝で、間違った学説をふりまく経済学者は、へぼな探偵と揶揄される(第4章)。

さしずめ名探偵となるため読者は——民間負債ゾンビの国々のなかで、どの国が連鎖反応の発端になるか、そして次なる金融危機の主犯は、体制か、曲学阿世の徒か、それとも曲学に惑わされ続けてきた我々自身か——これら二つの問題を解決しなければならない。本書はそれを念頭において構成されていると読める。

後者の問題を解くには、民間負債と中央銀行について、そしてマネーの特性について、通念の刷新が求められる。その点だけは指摘しておく。それより先は、読者が真犯人捜しを楽しむ聖域だから、やぼな説明は控え、あとは読者の皆さんにお任せしよう。ヒントは充分に与えられている。

著者のスティーヴ・キーンは、オーストラリア出身、一九五三年生まれだから、すでに六五歳だが、隠退する気などは毛頭ないようだ。ウェスタン・シドニー大学から、二〇一四年にロンドン西郊のキングストン大学へ移った。

ハイマン・ミンスキーの「金融不安定性仮説」のシミュレーションによる追試結果を、一九九五年に発表して注目された。モデルの検討を重ねる一方で、論敵である主流の新古典派を激しく糾弾する*Debunking Economics*(『経済学の正体を暴く』邦訳なし)を、二〇〇一年に出して、大きな反響を呼んだ。二〇一三年から広く寄付を募って、研究と教育のためのシミュレーション・ソフトウエア、MINSKYの本格的な開発と普及に当たっている。

本書は、そうした彼の一貫した努力の成果として、そして最近の学部向けマクロ経済学教科書の革新の動きに一石を投ずるため、編まれたわけだ。

彼はケインズからミンスキーへとつながる学統に属する。現在この学統は広がり、「ポスト・ケインズ学派」と総称される。

そのなかで彼は、前衛と位置づけられてはいない。金融危機論に的を絞ってきたためか、どちらかと言えば、最近は中衛の扱いを受けているようだ。だが、決して軽んじられているわけではない。実績からして、むしろ重鎮として尊敬される。現在の前衛は、MMT(モダン・マネタリー・セオリー、経済用語辞典参照)を提唱する、やや世代的に若いグループが務める。

ポスト・ケインズ派は、流れとしてはケインズの存命中から連綿として続いてきた。この呼称が始まったのは、一九七五年出版の本の表題からとされる。一九七八年発刊の学会誌が、「ジャーナル・オブ・ポスト・ケインジアン・エコノミックス」と命名されたことによって、広く用いられるようになった。

学説として、つぎの五点を前提とする。(一)リアリズム(虚構でなく実際に近いモデルによる)、(二)ホーリズム(全体を要素の集合とは見ない)、(三)リーゾナブル・ラショナリティ(経済を構成する個人は適切な合理性に従う)、(四)プロダクション(金融ではなく生産を重視する)、(五)マーケット・フェイラー(市場の失敗、市場には自己制御能力がないから市場安定のため市場への介入が必要)。

ずばり言って、どこが他の学説ともっとも異なるか。それは(五)だ。資本の私有を主とする資本主義に関する学説に限るならば、二つに大きく分けられる。一方は市場の均衡を主張する。その点では新古典派もニュー・ケインズ派も大差ない(用語辞典参照)。他方は市場の均衡はあり得ず、常に市場は動態(ダイナミズム)にあると主張する。それがポスト・ケインズ派だ。

ポスト・ケインズ派からすると、自分たちがケインズの学統を継ぐ正統派(オーソドックス)で、一九七〇年代末になって脇から割り込んできた新古典派とニュー・ケインズ派が異端派(ヘテロドックス)なのだ。ところが、現在のニュー・ケインズ派に呼び名を先に奪われてしまったため、仕方なくポスト・ケインズ派と名乗らねばならなくなってしまった。由緒はとにかく、先に名乗ってしまったほうが勝ち。学問の世界もせち辛い。

このねじれのため、今では新古典派とニュー・ケインズ派が正統派＝主流派で、ポスト・ケインズ派が異端派＝反主流派と呼ばれる。そうした門外漢には不可解な歴史的経緯を含んでおかねばならない。

では、なぜ主流派は頑として市場の均衡を主張するのか。擾乱が生じても、介入せず放置しておけば、均衡＝安定状態に戻ると主張しなければ、市場には自己調節能力がなく、政府の介入が必要になり、その結果、規制されない新金融方式によって高い利潤を得ることが困難になるからだ。政府の介入を認める学説は、金融界の覚えが悪くなる。そうならないように、あらゆる努力を厭わないのが主流派に他ならない。

これが真相であることは、主流派の台頭が、ヴェトナム戦争後のスタグフレーションから抜け出すため金融界が画策した自由化――大恐慌後の金融規制の解除――と前後していることで証明される。

市場の自由の擁護では主流派の結束は固い。新古典派が市場の自由をひたすら主張し、問題が生ずれば、ニュー・ケインズ派が出てきて取りなす。主流派は、硬軟どちらでも対応可能になっている。

とくにアメリカの経済学の勢力分布において著しいが、事実上ポスト・ケインズ派は、大学などの研究と教育のポストから、また有力な学会誌から閉め出されたのに等しい状態だ。ミズーリ大学(カンザス・シティ)など、五つないし六つの大学以外に、ポスト・ケインズ派の拠点は存在しない。世界を見渡しても、カナダのオタワ大学、オーストラリアのニュー・カッスル大学、ドイツのベルリン・スクール・オブ・エコノミックス・アンド・ローなどに限られる。日本にも研究者がいるが、それぞれ孤軍奮闘中だ。

このように学界を一強寡占の状態にし、政界をロビー活動によって支配し、金融規制の法律を議会が通しても(二〇一〇年ドッド・フランク法)、金融界は力づくで実施させない。そんな状態だから、「次なる金融危機は回避不能」と予想せざるを得ないのだ。

しかし、まったく動きがないわけではない。院生となると保守的になるが、学部学生は素直だから、昔ながらの教科書、二〇〇八年の世界的金融危機をまったく予想できなかった理論には、「ノー」の声を上げた。そこで学部向けのマクロ経済学の教科書の書き換えが始まり、二〇一七年には異なる四つのタイプも出揃い、評価が試みられるようになった。

1　相変わらずIS－LMモデルによって均衡を説くが、経済学史を追加
2　表向きはIS－LMモデルを放棄したが、均衡を説き、経済学史を追加
3　基調は反主流だが、重要項目では主流の主張も併記、経済学史を追加
4　全面的に反主流（MMT）で、金融・雇用・成長も説くが、経済学史はなし

前の二つが主流派で、当たり障りが少ない経済学史を追加して、自派の所説だけの押し付けではない姿勢を示す。だが、基本的な争点の「均衡」では譲らない。他方、後の二つの反主流派は均衡を断固否定する。

二番目と三番目では、経済学だけで経済政策は決められず、最終的には政治が決める、という立場を宣言する。

これではまったく変わっていないと見るか、いや少しは変わりつつあると見るか、見解が分かれるところだろう。

このような潮流に乗って本書は、経済学の改革のため、一石を投じたと評価できる。だが、本書のように金融と雇用に終始していたのでは、マクロ経済学への問いかけとしては足りない。短期の問題を扱っただけだからだ。中長期の成長（将来的には「維持可能性」）の問題までも含め、一貫し

た視点を確立しなければならない。

この大きな問題にたいして、果たして経済学だけで応えられるだろうか。不可能ではないと言い切れるかどうか、まず経済学自身が答を出さねばならない。

一方では、政治のほうも混迷に陥ったままだ。民主政治を成り立たせる三本柱――法の支配、公正な執行、政治過程の情報公開――が危機にさらされている。その結果が、ポピュリズムの台頭に他ならない。

ポピュリズムの経済的温床は、何と言っても失業問題だ。煎じつめると、政治が金融に支配されっぱなしだから、失業問題が絶えないのだ。この筋道を照らし出したのが本書だ。そう考えてくると、本書は、経済宣言である以上に、政治宣言なのではないか。そうした読み方も期待される。

現在の民主主義の危機は、経済――金融を柱とするグローバリズムの広がり――にたいする民主政治の復権によってしか克服できないという議論が、フランスでマルセル・ゴーシェを中心にして高まってきている。こうした潮流のなかでの本書という位置づけもあってしかるべきだろう。

その動きは、この解説で云々する前に、すでに学部向けマクロ経済学教科書の書き換えとして始まっていると見ることができる。

右に挙げたマクロ経済学の四つ巴は、これから先どうなるだろうか。私見では、まだ主流派は懲りていないから、いずれまた世界は金融危機に襲われる。だから、著者のキーンも、危機に見舞われる負債ゾンビの諸国を列挙するのだ。早くても、次なる金融危機のあとに、やっと過度の民間負債をまねく金融に規制が課せられるようになるのではないだろうか。

その日がくるまでは、学派の間で論争が続くだろう。ひとつの社会において、幾通りもの経済を並立させるのでないとすれば、幾通りもの経済学の間で折り合いをつけねばならない。だが、果して、これが一義的に正しい経済学だという治め方に達するだろうか。

現在、経済学における方法論の議論では、新古典派・ニューケインズ派＝主流派の閉鎖系にたいして、ポスト・ケインズ派＝反主流派の開放系が、理論の在り方として対置される。開放系（オープン・システム）では、経済の構造の境界も関係も完全に知ることはできないし、またそれらは常に変化する、という大前提に立つ。

それでも社会として、ひとつの政策を選択するとすれば、それは政治的な折り合いによるしかない。かつてそうであったように、経済学はポリティカル・エコノミックスへ、そして政治学はエコノミック・ポリティックスへ復帰しなければならないだろう。

本書は短篇だが、内容は極めて濃厚だ。読み込みを助けるため、日本語版序文、図の読み方（訳注）、そして用語辞典を付けるなど、企画の段階から岩波書店新書編集部の島村典行さんに多面的に配慮していただくことができた。訳者として深く感謝する。

スティーヴ・キーン　Steve Keen
1953年生まれ．ウエスタン・シドニー大学を経てロンドンのキングストン大学の経済学の教授．*Debunking Economics* を2001年に刊行し，ベストセラーになった．

赤木昭夫
1932年生まれ．東京大学文学部卒．コロンビア大学ジャーナリズム大学院フェロー．NHK解説委員，慶應義塾大学環境情報学部教授，放送大学教授などを歴任．
専門は英文学と学説史．著書に『自壊するアメリカ』『ハリウッドはなぜ強いか』(以上，ちくま新書)『蘭学の時代』(中公新書)『漱石のこころ』(岩波新書)などがある．

次なる金融危機　スティーヴ・キーン

2018年5月25日　第1刷発行

訳　者　赤木昭夫《あかぎあきお》

発行者　岡本　厚

発行所　株式会社　岩波書店
〒101-8002　東京都千代田区一ツ橋2-5-5
電話案内　03-5210-4000
http://www.iwanami.co.jp/

印刷・三秀舎　カバー・半七印刷　製本・中永製本

ISBN 978-4-00-061267-8　　Printed in Japan

文 献

Anderson, P. W. (1972) More is Different. *Science*, 177, 393-6.

Barro, R. J. (1989) The Ricardian Approach to Budget Deficits. *Journal of Economic Perspectives*, 3, 37-54.

Barro, R. (1996) Ricardo and Budget Deficits. In: Capie, F. & Wood, G. E. (eds), *Monetary Economics in the 1990s: The Henry Thornton Lectures, numbers 9-17*, New York: St. Martin's Press.

Bernanke, B. S. (2000) *Essays on the Great Depression*, Princeton: Princeton University Press.

Bernanke, B. S. (2004) Panel Discussion: What Have We Learned Since October 1979? Conference on Reflections on Monetary Policy 25 Years after October 1979, St. Louis, Missouri: Federal Reserve Bank of St. Louis.

Bezemer, D. J. (2009) *'No One Saw This Coming': Understanding Financial Crisis Through Accounting Models*, Groningen, the Netherlands: Faculty of Economics, University of Groningen.

Bezemer, D. J. (2010) Understanding Financial Crisis Through Accounting Models. *Accounting, Organizations and Society*, 35, 676-88.

Bezemer, D. J. (2011a) Causes of Financial Instability: Don't Forget Finance. Levy Economics Institute, Economics Working Paper Archive.

Bezemer, D. J. (2011b) The Credit Crisis and Recession as a Paradigm Test. *Journal of Economic Issues*, 45, 1-18.

Blanchard, O. (2016) *Do DSGE Models Have a Future?* Peterson Institute for International Economics. At: https://piie.com/publications/policy-briefs/do-dsge-models-have-future.

Blanchard, O., Dell'Ariccia, G. & Mauro, P. (2010) Rethinking Macroeconomic Policy. *Journal of Money, Credit, and Banking*, 42, 199-215.

Blatt, J. M. (1983) *Dynamic Economic Systems: A Post-Keynesian Approach*, Armonk, NY: M. E. Sharpe.

Cole, H. L. & Ohanian, L. E. (2004) New Deal Policies and the Persistence of the Great Depression: A General Equilibrium Analysis. *Journal of Political Economy*, 112, 779-816.

Conservative Party (2015) The Conservative Party Manifesto 2015. At: https://www.conservatives.com/manifesto.

Copeland, M. A. (1951) *A Study of Moneyflows in the United States*, New York: NBER.

Cotis, J.-P. (2007) Editorial: Achieving Further Rebalancing. In: OECD (ed.), *OECD Economic Outlook*, Paris: OECD.

Eggertsson, G. B. & Krugman, P. (2012) Debt, Deleveraging, and the Liquidity

Trap: A Fisher-Minsky-Koo approach. *Quarterly Journal of Economics*, 127, 1469-1513.

Fama, E. F. & French, K. R. (1999a) The Corporate Cost of Capital and the Return on Corporate Investment. *Journal of Finance*, 54, 1939-67.

Fama, E. F. & French, K. R. (1999b) Dividends, Debt, Investment, and Earnings. Working Papers, University of Chicago.

Fama, E. F. & French, K. R. (2002) Testing Trade-Off and Pecking Order Predictions about Dividends and Debt. *Review of Financial Studies*, 15, 1-33.

Fisher, I. (1933) The Debt-Deflation Theory of Great Depressions. *Econometrica*, 1, 337-57.

FOMC (2007) FOMC Transcript. New York: Federal Reserve Open Monetary Committee.

Godley, W. (2001) The Developing Recession in the United States. *Banca Nazionale del Lavoro Quarterly Review*, 54, 417-25.

Godley, W. & Izurieta, A. (2002) The Case for a Severe Recession. *Challenge*, 45, 27-51.

Godley, W. & Izurieta, A. (2004) The US Economy: Weaknesses of the 'Strong' Recovery. *Banca Nazionale del Lavoro Quarterly Review*, 57, 131-9.

Godley, W., Izurieta, A., Gray, H. P. & Dilyard, J. R. (2005) Strategic Prospects and Policies for the US Economy. In: Gray, H. P. & Dilyard, J. R. (eds), *Globalization and Economic and Financial Instability*, Cheltenham: Elgar.

Godley, W. & McCarthy, G. (1998) Fiscal Policy Will Matter. *Challenge*, 41, 38-54.

Godley, W. & Wray, L. R. (2000) Is Goldilocks Doomed? *Journal of Economic Issues*, 34, 201-6.

Goldenfeld, N. & Kadanoff, L. P. (1999) Simple Lessons from Complexity. *Science*, 284, 87-9.

Goodwin, R. M. (1967) A Growth Cycle. In: Feinstein, C. H. (ed.), *Socialism, Capitalism and Economic Growth*, Cambridge: Cambridge University Press.

Gorman, W. M. (1953) Community Preference Fields. *Econometrica*, 21, 63-80.

Graeber, D. (2011) *Debt: The First 5,000 Years*, New York: Melville House.

Grasselli, M. & Costa Lima, B. (2012) An Analysis of the Keen Model for Credit Expansion, Asset Price Bubbles and Financial Fragility. *Mathematics and Financial Economics*, 6, 191-210.

Grattan, M. (2010) Treasury's Unleashed Rock Star. *Sydney Morning Herald*, Sydney, Fairfax, 14 May.

Graziani, A. (1989) The Theory of the Monetary Circuit. *Thames Papers in Political Economy*, Spring, 1-26.

Greenspan, A. (2005) Testimony of Chairman Alan Greenspan: The Economic Outlook. Washington, DC: Joint Economic Committee, US Congress.

Hansen, A. H. (1934) Capital Goods and the Restoration of Purchasing Power. *Proceedings of the Academy of Political Science*, 16, 11–19.
Hansen, A. (1939) Economic Progress and Declining Population Growth. *American Economic Review*, 29, 1–15.
Hicks, J. R. (1937) Mr. Keynes and the 'Classics': A Suggested Interpretation. *Econometrica*, 5, 147–59.
Hicks, J. (1981) IS-LM: An Explanation. *Journal of Post Keynesian Economics*, 3, 139–54.
Hills, S., Thomas, R. & Dimsdale, N. (2010) The UK Recession in Context-What Do Three Centuries of Data Tell Us? *Bank of England Quarterly Bulletin*, Q4, 277–91.
Hudson, M. (2009) Why the 'Miracle of Compound Interest' Leads to Financial Crises. *Ensayos de Economia*, 19, 15–33.
Keen, S. (1995a) Comment on Feldman's Structural Model of Economic Growth. In: Groenewegen, P. & McFarlane, B. (eds), *Socialist Thought in the Post Cold War Era*, Manila: Journal of Contemporary Asia Publishers.
Keen, S. (1995b) Finance and Economic Breakdown: Modeling Minsky's 'Financial Instability Hypothesis'. *Journal of Post Keynesian Economics*, 17, 607–35.
Keen, S. (2005) Expert Opinion, *Permanent Mortgages vs Cooks*, Sydney: Legal Aid NSW.
Keen, S. (2007) Debtwatch May 2007: Booming on Borrowed Money. At: http://www.debtdeflation.com/blogs/2007/04/30/debtwatch-may-2005-booming-on-borrowed-money.
Keen, S. (2011) *Debunking Economics: The Naked Emperor Dethroned?*, London: Zed Books.
Keen, S. (2014) Secular Stagnation and Endogenous Money. *Real World Economics Review*, 66, 2–11.
Keynes, J. M. (1936) *The General Theory of Employment, Interest and Money*, London: Macmillan.
Keynes, J. M. (1937) The General Theory of Employment. *Quarterly Journal of Economics*, 51, 209–23.
Kindleberger, C. P. (1978) *Manias, Panics, and Crashes*, New York: Basic Books.
King, M. (2016) *The End of Alchemy*, London: Little Brown.
Kirman, A. (1989) The Intrinsic Limits of Modern Economic Theory: The Emperor Has No Clothes. *Economic Journal*, 99, 126–39.
Kocherlakota, N. (2016) Toy Models. At: https://docs.google.com/viewer?a=v&pid=sites&srcid=ZGVmYXVsdGRvbWFpbnxrb2NoZXJsYWtvdGEwMDl8Z3g6MTAyZmIzODcxNGZiOGY4Yg.
Koo, R. (2009) *The Holy Grail of Macroeconomics: Lessons from Japan's Great*

Recession, Singapore: Wiley.
Kornai, J. (1979) Resource-Constrained versus Demand-Constrained Systems. *Econometrica*, 47, 801–19.
Krugman, P. (2012a) *End this Depression Now!*, New York: W. W. Norton.
Krugman, P. (2012b) Oh My, Steve Keen Edition. *The Conscience of a Liberal*. At: http://krugman.blogs.nytimes.com/2012/04/02/oh-my-steve-keen-edition.
Krugman, P. (2012c) Banking Mysticism. *The Conscience of a Liberal*. At: http://krugman.blogs.nytimes.com/2012/03/27/banking-mysticism.
Krugman, P. (2013) Abenomics and Interest Rates: A Finger Exercise (Wonkish). *The Conscience of a Liberal*. At: http://krugman.blogs.nytimes.com/2013/06/10/abenomics-and-interest-rates-a-finger-exercise-wonkish.
Kumhof, M. & Jakab, Z. (2015) Banks Are Not Intermediaries of Loanable Funds – and Why This Matters. Working Paper. London: Bank of England.
Labour Party (2015) Manifesto: Britain Can Be Better. At: http://www.labour.org.uk/manifesto.
Lorenz, E. N. (1963) Deterministic Nonperiodic Flow. *Journal of the Atmospheric Sciences*, 20, 130–41.
Lucas, R. E., Jr. (1972) Econometric Testing of the Natural Rate Hypothesis. In: Eckstein, O. (ed.), *The Econometrics of Price Determination Conference, October 30–31*, 1970, Washington, DC: Board of Governors of the Federal Reserve System and Social Science Research Council.
Lucas, R. E., Jr. (1976) Econometric Policy Evaluation: A Critique. *Carnegie-Rochester Conference Series on Public Policy*, 1, 19–46.
Lucas, R. E., Jr. (2003) Macroeconomic Priorities. *American Economic Review*, 93, 1–14.
McLeay, M., Radia, A. & Thomas, R. (2014) Money Creation in the Modern Economy. *Bank of England Quarterly Bulletin*, Q1, 14–27.
Mian, A. & Sufi, A. (2015) *House of Debt*, Chicago: University of Chicago Press.
Minsky, H. P. (1969) Private Sector Asset Management and the Effectiveness of Monetary Policy: Theory and Practice. *Journal of Finance*, 24, 223–38.
Minsky, H. P. (1972) Financial Instability Revisited: The Economics of Disaster. In: *Reappraisal of the Federal Reserve Discount Mechanism*. Washington, DC: Board of Governors of the Federal Reserve System.
Minsky, H. P. (1977a) A Theory of Systematic Fragility, In: Altman, E. I. and Sametz, A. W. (eds), *Financial Crises*, New York: Wiley-Interscience.
Minsky, H. P. (1977b) The Financial Instability Hypothesis: An Interpretation of Keynes and an Alternative to 'Standard' Theory. *Nebraska Journal of Economics and Business*, 16, 5–16.
Minsky, H. P. (1978) The Financial Instability Hypothesis: A Restatement. *Thames Papers in Political Economy*, Autumn.

Minsky, H. P. (1982) *Can 'It' Happen Again? Essays on Instability and Finance*, Armonk, NY: M. E. Sharpe.

Minsky, H. P. (1986) *Stabilizing an Unstable Economy*, New Haven: Yale University Press.

Nicolis, G. & Prigogine, I. (1971) Fluctuations in Nonequilibrium Systems. *Proceedings of the National Academy of Sciences of the United States of America*, 68, 2102-7.

Obama, B. (2009) Obama's Remarks on the Economy. *New York Times*, 14 April.

O'Brien, Y.-Y. J. C. (2007) Reserve Requirement Systems in OECD Countries. *SSRN eLibrary*.

Ostry, J. D., Loungani, P. & Furceri, D. (2016) Neoliberalism: Oversold? *Finance & Development*, 53, 38-41.

Paulson, H. M. (2010) *On the Brink: Inside the Race to Stop the Collapse of the Global Financial System*, New York: Business Plus.

Pink, B. (2009) Housing Occupancy and Costs. In: STATISTICS, ed. Australian Bureau of Statistics, Canberra.

Prescott, E. C. (1999) Some Observations on the Great Depression. *Federal Reserve Bank of Minneapolis Quarterly Review*, 23, 25-31.

Ramos-Martin, J. (2003) Empiricism in Ecological Economics: A Perspective From Complex Systems Theory. *Ecological Economics*, 46, 387-98.

Romer, P. (2016) The Trouble with Macroeconomics. At: https://paulromer.net/wp-content/uploads/2016/09/WP-Trouble.pdf.

Samuelson, P. A. (1956) Social Indifference Curves. *Quarterly Journal of Economics*, 70, 1-22.

Samuelson, P. A. (1966) A Summing Up. *Quarterly Journal of Economics*, 80(4): 568-83.

Sargent, T. J. & Wallace, N. (1976) Rational Expectations and the Theory of Economic Policy. *Journal of Monetary Economics*, 2, 169-83.

Schularick, M. & Taylor, A. M. (2012) Credit Booms Gone Bust: Monetary Policy, Leverage Cycles, and Financial Crises, 1870-2008. *American Economic Review*, 102(2), 1029-61.

Schumpeter, J. (1928) The Instability of Capitalism. *Economic Journal*, 38, 361-86.

Schumpeter, J. A. (1934) *The Theory of Economic Development: An Inquiry Into Profits, Capital, Credit, Interest and the Business Cycle*, Cambridge, MA: Harvard University Press.

Shafer, W. & Sonnenschein, H. (1993) Market Demand and Excess Demand Functions. In: Arrow, K. J. & Intriligator, M. D. (eds), *Handbook of Mathematical Economics*, Amsterdam: Elsevier.

Smets, F. & Wouters, R. (2007) Shocks and Frictions in US Business Cycles: A Bayesian DSGE Approach. *American Economic Review*, 97, 586–606.

Sonnenschein, H. (1972) Market Excess Demand Functions. *Econometrica*, 40, 549–63.

Sraffa, P. (1960) *Production of Commodities by Means of Commodities: Prelude to a Critique of Economic Theory*, Cambridge: Cambridge University Press.

Stevens, G. (2011) The State of Things. *Reserve Bank of Australia Bulletin*, March Quarter, 61–6.

Stock, J. H. & Watson, M. W. (2002) Has the Business Cycle Changed and Why? NBER Working Papers. National Bureau of Economic Research.

Summers, L. (2014) Reflections on the 'New Secular Stagnation Hypothesis'. In: Teulings, C. & Baldwin, R. (eds), *Secular Stagnation: Facts, Causes, and Cures*, London: Centre for Economic Policy Research.

Tremaine, S. (2011) Is the Solar System Stable? At: https://www.ias.edu/about/publications/ias-letter/articles/2011-summer/solar-system-tremaine.

Turner, A. (2016) *Between Debt and the Devil*, Princeton: Princeton University Press.

Vague, R. (2014) *The Next Economic Disaster: Why It's Coming and How to Avoid It*, Philadelphia: University of Pennsylvania Press.

Varian, H. R. (1984) *Microeconomic Analysis*, New York: W. W. Norton.

Varian, H. R. (1992) *Microeconomic Analysis*, New York: W. W. Norton.

Wolf, M. (2014) *The Shifts and the Shocks*, London: Penguin.

Wray, L. R. (2003) Functional Finance and US Government Budget Surpluses in the New Millennium. In: Nell, E. J. & Forstater, M. (eds), *Reinventing Functional Finance: Transformational Growth and Full Employment*, Cheltenham and Northampton, MA: Elgar.

原 注

謝 辞

(1) National Sources, BIS Residential Property Price database. www.bis.org/statistics/totcredit.htm そして www.bis.org/statistics/pp.htm

(2) www.bis.org/publ/arpdf/ar2007e.htm

1 経済学者は金融危機克服を宣言

(1) この小論文の集成が，ミンスキーの研究成果への最良の入門になる．

2 ミクロ経済学，マクロ経済学，そして複雑性

(1) 唯一の制限は，形が多項式——x, x^2, x^3 などのべき乗の和に合致しなければならないことだった．「多項式のそれぞれは，n 通りの商品から成り立つ経済における特定の商品にたいする過剰需要関数だ」(Sonnenschein, 1972)．

(2) 主流派マクロ経済学者の一部は，この 3 番目の定義の使用について反論してくると，筆者は思うが，なぜそれが重要かの理由は第 4 章で説明する．なお Kumhof and Jakab (2015) を参照せよ．主流派の DSGE モデルに民間負債と内生的マネーを導入した場合の劇的影響が示されている．

(3) これと対比されるのが，すでに述べた Smets-Wouters の DSGE モデルの 7 変数，49 のパラメータ，そして確率項だ(Romer, 2016, p. 12)．その数式と導き方については，www.profstevekeen.com/crisis/models を，この種のモデルの数理的性質については，Grasselli and Costa Lima (2012) を参照せよ．

(4) とくにその線形的な行動規則と価格ダイナミックスの欠如は，循環が対称的なこと——過熱も破綻も同じように大きいことを意味する．そうした欠陥は，図 5 を生じさせるモデルで言及されている．そして，とくに資本の定義についても問題が存在する．「ケンブリッジ論争」(Sraffa, 1960; Samuelson, 1956) 後であるだけに，無視されるべきではない．総体化と逆の過程で言及できるし，生産におけるエネルギーの役割に注目することで容易に扱えるだろう．その種の問題は本書の範囲を超えるが，専門家むけの出版物で取り上げたい．

(5) 「投資にもっとも関係する金融の源は長期貸付で……年ごとの投資の変動をもたらす上で，貸付が主要な役割を果たす」

(6) 価格のダイナミックスなしのこの単純なモデルでは，産出に占める賃金の割合が，インフレの代わりになる．図 5 に示されるより完全なモデルでは，インフレが明示的に含まれ，データで見られるインフレと同じ傾向を示す．

3 凪そして大きな嵐

(1) Bezemer (2009) は，(筆者を含め) 他に 12 名の経済学者を，危機を警告しただけでなく，アメリカの住宅バブルを危惧し，原因について説明を加えた者として挙げる．

(2) Paul Ormerod, Rickard Nymanと筆者は，加速する割賦負債(ローン)が住宅価格の変化で，「グレンジャー因果」を及ぼし，またその逆は真でないことを，データ分析で最近見出した．なおグレンジャーは提唱者の名前で，Xが変化するときYも変化していれば，グレンジャーを持つと言う．XとYの間に因果関係がなくても，Xの予測にYが使える場合がある．

4 危機の引き金は過大な投機

(1) 「アメリカの金融データは，注目に値し，フリードマンやシュワルツの連銀の政策にたいする痛烈な批判を概ね裏書きする．……M1減少の事実上の原因は，基準と準備の比率の継続的な減少だった．それがマネー乗数の減少を打ち消さず，かえって強めた．この緊縮策が，初期(1931年以前)の連邦準備と世界の全通貨の速度を低下させた主な原因と非難された」

(2) 「もっともだが，多くのアメリカ国民は，政府資金が，銀行ではなくて，家庭や企業に直接支払われたほうがよいと思った．「我々にたいする救済はどうなったか」というわけだ．だが，本当のところは，銀行の資本の1ドルが，家庭や企業のローンの8ないし10ドルに実際になり，乗数効果によって究極的には経済成長の速度を上昇させる」

(3) 他のすべての商品の価格についても同じことが観察される．だが，ここで問題なのは，あなたがマネーを尺度として使っていることだ．すべての価格と所得のマネー表示を2倍にしてみても，それらに等しい影響しか及ぼすことができない．ただしそれは，マネーそれ自体はコストなし，所得もコストも生じない単なる表象で，人々は少額しか持たず，価格が生ずるようなマネーとマネーとの取引はしない場合のことだ．そうした場合は，マネーが「純正の不換紙幣」――(政府のような)非市場組織によって発行された表象で，貯蓄されず，利子の支払いと引き換えに貸借されないとする．だが，これらの想定はどれも正しくない．つまり，マネーは半ば不換紙幣(政府によって創出された)で，半ば貸付マネー(銀行によって創出された)なのだ．そしてマネーは，蓄えられ，利子めあてに貸借される．

(4) 専門的検討はつぎを見よ．www.profstevekeen.com/crisis/demand

(5) 現在では，経済成長を潜在的に減速させる実体的な原因が存在する．ハンセンの時代には存在しなったが，原油の入手がむずかしくなり，そして化石燃料から再生可能エネルギーへの転換のため，エネルギーの入力単位当たりのエネルギーの出力(EROEI)が減少したからだ．https://en.wikipedia.org/wiki/Energy_returned_on_energy_invested

とはいえ，サマーズの考えとは異なる．というのは，新古典派経済学では，生産されるエネルギーにいかなる役割も認めず，そして経済学への異なるアプローチも認めないからだ．この問題は本書の範囲を超えるが，つぎを見よ．

www.forbes.com/sites/stevekeen/2016/08/19/incorporating-energy-into-production-functions

(6) 負債ゾンビと同定される他の国々は，本書のウェブサイトに表示されてい

る．

www.profstevekeen.com/crisis

(7) アイルランドの状態は，税制とGDPの産出方式のためだろう．つぎを見よ．www.irishtimes.com/business/economy/do-not-be-fooled-by-bizarre-fiction-of-cso-growth-figures-1.2719555

香港のデータは異常だ．家計の負債が企業の負債の3分の1だ．企業負債は対GDP比で210%を超え，多くの国々の全民間非金融部門の負債よりも高い．香港の政治的環境と集散地という状況からして，この負債は登録される企業分として記帳されているが，実際にはその金融的負荷は香港経済が負ってはいないだろう．

(8) BISのデータベースでは，「グローバル」は，41カ国のGDPの合計を意味する．

(9) 中国の「実」データよりも，筆者は名目データを信用する．実データは価格指数といっしょに簡単に操作されるからだ．

(10) 中国には，もうひとつの例外があり得る．「民間」銀行は部分的国有なのだ．そして国家から指導を受ける．ということは，中央銀行の延長として機能することができるし，借り手が負債を返さなくても無視できるので，貸付マネーをただの紙切れにできることを意味する．これがつぎのようなエピソードの証拠なのかもしれない．中国の銀行は，新興国のインフラ計画に金融をつける．それによって，中国企業に輸出を，また中国労働者に仕事を与える(それがなければ，失業する)．

5 民間負債の政治経済学

(1) 肝心なメッセージは，「リカードの等価」だ．その主張によれば，現在の財政赤字が将来の黒字で相殺されると認識して，現在の個人は，将来の徴税に備えてマネーを貯蓄するので，民間支出が削減され，財政赤字によって意図される刺激効果は，完全に打ち消されるというわけだ(Barro, 1996)．

だが，相殺のための税は現在の納税者が死なないかぎりは徴収されないことが観察されるならば，バロウの主張はあっさり否定されると，批判された．

それにたいしてバロウはつぎのような奇矯な発言で応じた．「世代間の移転のネットワークによって，各個人は，無限に続く家族の一員にされる．このような状況のもとで家計は，将来の税の全体を資本化し，無限の将来に向け効果的に計画する」(Barro, 1989, p. 40)主流派経済学者のなかでも，それほど思い違いがひどくないポール・クルーグマンやマイケル・ウッドフォードなどは，不況時の財政赤字を提唱するが，バロウのような極端な主張が主流派全体の出発点なのだ．

(2) この図は，1945年からの連銀データと，1834年からの民間負債と銀行貸付に関する2つの国勢調査を，合わせたものだ．国勢調査のデータは，連邦準備のレベルと調整済みだ．この方法が正当化されるように，一連の数値の間での重複が利用された．

6　シニカルな結論

(1)　www.debtdeflation.com/blogs/manifesto
(2)　http://positivemoney.org そして www.monetary.org
(3)　www.bartercard.com.au
(4)　www.iex.global 筆者は IEX のコンサルタント.
(5)　依然として現金の取り扱いでは，脳裏に第三者――紙幣を発行する中央銀行を持つ政府――が存在する.